CONOCIENDO A LOS SANTOS PADRES Y ORANDO CON ELLOS

Pascua y Pentecostés: segunda entrega

CONOCIENDO A LOS SANTOS PADRES Y ORANDO CON ELLOS

Pascua y Pentecostés: segunda entrega

MANUEL RODRÍGUEZ ESPEJO,

escolapio

Para realizar pedidos de este libro, contacte con:
Palibrio LLC
1663 Liberty Drive
Suite 200
Bloomington, IN 47403
Gratis desde EE. UU. al 877.407.5847
Gratis desde México al 01.800.288.2243
Gratis desde España al 900.866.949
Desde otro país al +1.812.671.9757
Fax: 01.812.355.1576
ventas@palibrio.com
507090

ÍNDICE

PRÓLOGO

El prólogo a la *"Primera entrega: Adviento y Cuaresma"* lo empezaba con este párrafo testimonial: "Cada día disfruto más con los escritos de los Santos Padres en el llamado Oficio de Lecturas, dentro de la Liturgia de las Horas u Oficio Divino. Por eso se me ha ocurrido transcribir algunas de esas lecturas con un breve comentario mío, para el gran público".

La intención de esta *"Segunda entrega: Pascua y Pentecostés"* sigue siendo la misma: que quienes quieren vivir este tiempo litúrgico y desconocen el Breviario puedan aprovechar la solidez y belleza de las 'Catequesis de los Santos Padres', constructores de la Iglesia de los primeros siglos.

Para quienes no han leído la primera entrega, repito el perfil de estos hombres, a los que el pueblo cristiano debe tanto: "por Santos Padres se entiende el grupo de pastores y escritores eclesiásticos, de los primeros siglos, obispos en su mayoría, cuyo conjunto doctrinal es considerado fundamento de la fe y de la ortodoxia en la Iglesia Católica. Pertenecen al periodo de los siglos III al VIII, aunque su edad de oro fue los siglos IV y V. Destacaron también por la santidad de su vida"

La misma advertencia del primer volumen es válida para éste: las citas están tomadas del Oficio Divino, pero no siempre son íntegras. He expurgado el texto, y, a veces, he cambiado alguna palabra, buscando una más fácil comprensión.

He añadido la cita de la Palabra de Dios que precede siempre a la lectura patrística, para quienes quieran leerla. Estoy plenamente convencido que leer y contemplar cada día lo que nuestra Madre la Iglesia ofrece a todos sus hijos como alimento es la mejor manera de prepararnos para la celebración de la gran Pascua de resurrección y la fiesta de Pentecostés.

PASCUA Y PENTECOSTÉS

1. S. Andrés de Creta

Bendito el que viene como rey, en nombre del Señor
(Hebr 10, 1-18) (Domingo de ramos)

El que va libremente hacia Jerusalén es el mismo que por nosotros, los hombres, bajó del cielo para levantar a los que yacíamos en lo más profundo y colocarnos, como dice la Escritura <por encima de todo principado, potestad, fuerza y dominación, y por encima de todo nombre conocido>

Y viene no como quien busca su gloria por medio de la fastuosidad y la pompa. <No porfiará –dice-, ni gritará, no voceará por las calles>, sino que será manso y humilde, y se presentará sin espectacularidad alguna.

Corramos a una con quien se apresura a su pasión, e imitemos a quienes salieron a su encuentro. Y no para extender por el suelo, a su paso, ramos de olivo, vestiduras o palmas, sino para prosternarnos nosotros mismos, con la disposición más humillada de que seamos capaces y con el más limpio propósito, de manera que acojamos al Verbo que viene, y así logremos captar a aquel Dios que nunca puede ser totalmente captado por nosotros...

Así es como nosotros deberíamos prosternarnos a los pies de Cristo... revistiéndonos de su gracia, es decir, de él mismo, pues <los que os habéis incorporado a Cristo por el bautismo os habéis revestido de Cristo>. Así debemos ponernos a sus pies como si fuéramos unas túnicas. (Domingo de Ramos)

San Andrés de Creta empieza su reflexión sobre la entrada triunfal de Jesús en Jerusalén, con la que comenzamos la llamada Semana mayor o grande o santa, destacando la humildad de Jesús, para que nosotros –sus seguidores- seamos humildes. Nada de "potestad, fuerza, dominación". Y recordándonos la finalidad de la venida de Jesús a nuestra carne: no para gloria suya, sino para que nosotros nos levantemos con nuestras buenas obras (el amor al prójimo las resume a todas) hasta la gloria del Padre.

La vida del creyente, como la de su Maestro, es una mezcla de éxitos y fracasos, posibilidades y limitaciones, vida y muerte. Salir al encuentro del Señor es nuestra tarea, lo cual significa que Dios ya ha hecho la suya, podríamos decir, pero ahora falta la nuestra. Dos no se encuentran si uno no quiere. "Salir a su encuentro" supone, exige, "acogerle", obedecerle, hacerle vivo y eficaz en nuestros días. Ni las ceremonias, ni los ritos, ni las flores, ni los rezos es lo primero que Dios espera de nosotros. Todo eso, después de nuestras obras diarias orientadas –todas- en la dirección de Jesús.

2. S. Agustín, obispo

Gloriémonos también nosotros en la cruz de N.S. Jesucristo
(Hebr 10, 19-39) (Lunes santo)

La pasión de nuestro Señor y Salvador es una prenda (un ejemplo) de gloria y una enseñanza de paciencia. Pues, ¿qué dejará de esperar de la gracia de Dios el corazón de los fieles, si por ellos el Hijo único de Dios, coeterno con el Padre, no se contentó con nacer como un hombre entre los hombres, sino que quiso incluso morir por mano de los hombres, que él mismo había creado?

Grande es lo que el Señor nos promete para el futuro, pero es mucho mayor aún aquello que celebramos en el presente recordando lo que ya ha hecho por nosotros... No habría poseído lo que era necesario para morir por nosotros, si no hubiera tomado de nosotros una carne mortal. Así el inmortal pudo morir, así pudo dar "su vida" a los mortales; y hará que más tarde tengan parte en su vida aquéllos de cuya condición él primero se había hecho partícipe... Él hizo, pues, con nosotros este admirable intercambio: tomó de nuestra naturaleza la condición mortal, y nos dio de la suya la posibilidad de vivir (eternamente)...

El apóstol Pablo, que cayó en la cuenta de este misterio, lo proclamó como un título de gloria. Y, siendo así que podía recordar muchos aspectos grandiosos y divinos de Cristo, no dijo que se gloriaba de estas maravillas --que hubiese creado el mundo, cuando, como Dios que era, se hallaba junto al Padre, y que hubiese imperado sobre el mundo, cuando era hombre como nosotros--, sino que dijo: <Dios me libre de gloriarme si no es en la cruz de nuestro Señor Jesucristo>.

Quiero recordarte, en primer lugar, el significado de "Señor" referido a Jesús: tenemos que acomodarnos a su señorío, sabiendo que es un señorío de amor y servicio, como debe ser todo cargo de poder en sus seguidores. "Dejar a Dios ser Dios, no programarle la vida como pretendió S. Pedro, lleno de buena voluntad". Este ejemplo nos enseña que la buena voluntad no es suficiente para arreglar los problemas, y la vida es un problema difícil. También la de todo cristiano.

En segundo lugar, S. Pedro nos invita a pensar –y aceptar con nuestro modo de vivir- dos cosas: que si Dios se rebajó haciéndose hombre, yo me tengo que rebajar; y que si padeció, tuvo 'enemigos' que se le opusieron y lo mataron, porque lo consideraron un contrincante, yo también tengo que padecer eso. Sin embargo, hay quienes dicen que cada cristiano no repite todos los pasos de Jesús, siño que es el cuerpo entero quien los pasa.

¡Admirable intercambio, en efecto! Esta expresión nos la encontramos algunas veces en la Oración sobre las ofrendas. De aquí deduce S. Agustín esa afirmación de Pablo, que es muy importante que recordemos siempre, aun en los momentos en los que podamos disfrutar de algún carisma extraordinario.

3. S. Basilio Magno, obispo

Es una sola la muerte y una sola la resurrección
(Hebr 12, 1-13) (Martes santo)

Nuestro Dios y Salvador realizó su plan de salvar al hombre levantándolo de su caída y haciéndole pasar del estado de alejamiento, al que le había llevado su desobediencia, al estado de familiaridad con Dios...Y así, para llegar a una vida perfecta, es necesario imitar a Cristo, no sólo en los ejemplos que nos dio durante su vida, ejemplos de mansedumbre, de humildad y de paciencia, sino también en su muerte... Pero ¿de qué manera podremos reproducir en nosotros su muerte?... En primer lugar es necesario cortar con la vida anterior. Y esto nadie puede conseguirlo sin aquel nuevo nacimiento (el Bautismo) del que nos habla el Señor, ya que la regeneración, como su mismo nombre indica, es el comienzo de una vida nueva. Por esto, antes de comenzar esta vida nueva, es necesario poner fin a la anterior...

¿Cómo podremos imitar a Cristo en su descenso a la región de los muertos? Imitando su sepultura mediante el bautismo. En efecto, los cuerpos de los que son bautizados quedan, en cierto modo, sepultados bajo las aguas (en el bautismo de inmersión, que entonces se practicaba)... El bautismo en cierto modo purifica al creyente de las manchas ocasionadas en su vida anterior por el influjo de esta vida en carne mortal...

Por esto reconocemos un solo bautismo salvador, ya que es una sola la muerte a favor del mundo y una sola la resurrección de entre los muertos, y de ambas es figura el bautismo.

S. Basilio comienza hablándonos de tres virtudes costosas. ¡Bueno y qué virtudes no son costosas! La <u>mansedumbre</u> es, en términos taurinos, no embestir, ni siquiera cuando nos provocan. Pero nosotros solemos embestir con rapidez y echar la culpa al que ha abusado de nosotros. La <u>humildad</u>, que Santa Teresa definía como "andar en la verdad", nos gusta poco, porque todos preferimos sentirnos no culpables, en lugar de reconocer nuestros fallos; y ¿quién no desea destacar, estar por encima de los otros, tener a muchos sobre los que mandar… Calasanz decía de ella que es el camino para ir al cielo.

La experiencia nos enseña que "la <u>paciencia</u> todo lo alcanza" y la precipitación, la impaciencia, el querer recoger los frutos antes de que hayan madurado… todo lo echa a perder. A mí me gusta decir que la paciencia es la "ciencia de la paz".

Pero lo más importante de la cita es lo referente al nuevo nacimiento y la nueva vida que el creyente consigue con su morir a lo anterior y renacer (regeneración) por el Bautismo. San Basilio se remonta al Bautismo, el sacramento-símbolo de la muerte al pecado y nacimiento a la vida de la Gracia. De ahí ese "Morir con Cristo muerto y resucitar con Cristo resucitado". Recordemos que el Concilio dijo: "Puesto que el tiempo cuaresmal prepara a los fieles, entregados más intensamente a oír la Palabra de Dios y a la oración, para que celebren el misterio pascual, <u>sobre todo mediante el recuerdo o la preparación del bautismo</u> y mediante la penitencia, dése particular relieve en la Liturgia y la catequesis al <u>doble carácter de dicho tiempo</u>" (SC, 109)

4. S. Agustín, obispo

La plenitud del amor

(Hebreos 12, 14-29) (Miércoles santo)

El Señor quiso dejar bien claro en qué consiste aquella plenitud del amor con que debemos amarnos mutuamente, cuando dijo: "nadie tiene amor más grande que el que da la vida por sus amigos". Consecuencia de ello es lo que nos dice el mismo evangelista Juan en su carta: "Cristo dio su vida por nosotros, también nosotros debemos dar nuestra vida por los hermanos", amándonos mutuamente como él nos amó, que dio su vida por nosotros.

Es la misma idea que encontramos en el libro de los Proverbios: "Sentados a la mesa de un señor, mira bien qué te ponen delante, y pon la mano en ello pensando que luego tendrás que preparar tú algo semejante". Esta mesa de tal señor no es otra que aquella de la cual tomamos el cuerpo y la sangre de aquel que dio su vida por nosotros. Sentarse a ella significa acercarse a la misma con humildad. Mirar bien lo que nos ponen delante equivale a tomar conciencia de la grandeza de este don. Y, poner la mano en ello, pensando que luego tendremos que preparar algo semejante, significa lo que ya he dicho antes: que así como Cristo dio su vida por nosotros, también nosotros debemos dar la vida por los hermanos... Esto es lo que hicieron los mártires, llevados por un amor ardiente... Si no queremos celebrar en vano su recuerdo, y si nos acercamos a la mesa del Señor para participar del banquete en que ellos se saciaron, es necesario que, tal como ellos hicieron, preparemos luego nosotros algo semejante.

Por eso, al reunirnos junto a la mesa del Señor, no los recordamos... para rogar por ellos, sino más bien para que ellos rueguen por nosotros, a fin de que sigamos su ejemplo, ya que ellos pusieron en práctica aquel amor del que dice el Señor que no hay otro más grande...

Lo que hemos dicho no hay que entenderlo como si nosotros pudiéramos igualarnos al Señor, aun en el caso de que lleguemos por él hasta el testimonio de nuestra sangre... Los mártires, al derramar su sangre por sus hermanos, no hicieron sino mostrar lo que habían tomado de la mesa.

S. Agustín nos vuelve a dar un ejemplo de cómo nuestra oración debe estar empedrada de Palabra de Dios y cómo el arte de orar es aprender a aplicarnos lo que dicha Palabra dice. La plenitud del amor es la plenitud del servicio: darse hasta la última gota de nuestra vida, a favor del prójimo. Con ello no hacemos más que imitar a Cristo, que es lo que él espera de cada uno de nosotros.

Las tres metáforas que luego emplea: sentarse a la mesa de la eucaristía –nos dice- exige humildad. Mirar bien lo que nos ponen en esa mesa exige tomar conciencia de su grandeza, sin caer en la rutina, para lo que hemos de estar siempre despiertos. Y poner la mano en ello es vivir desde el compromiso, porque la Palabra y el Cuerpo de Cristo no son "calmantes", sino todo lo contrario, "energías", vitaminas, para ser capaces de darnos. A veces el creyente cree que va a la eucaristía para rendir culto a Dios, para darle algo al Señor de los Señores, como si él necesitara de nuestra compasión o limosna.

Los mártires –y en esto insiste S. Agustín- son otro de nuestros modelos a imitar, no unos hermanos a los que rendir culto ritual, vacío: "no los recordamos para rezar por ellos", sino que cargamos las pilas para imitarlos. ¿Y no vamos a hacer lo mismo, con mucha más razón, con Cristo, que no ha muerto por el Padre, sino por ti y por mí? Hemos de cuidar mucho el 'sentido' de nuestra celebración eucarística, el 'a qué vamos' a la eucaristía, y el 'cómo salimos' de ella.

5. Melitón de Sardes, obispo

El Cordero inmaculado nos sacó de la muerte a la vida
(Hebreos 4, 14 a 5, 10) (Jueves Santo)

NOTA: Litúrgicamente llamamos PASCUA al paso o 'golpe' por el que Dios sacó al pueblo judío de la esclavitud en Egipto a la libertad del desierto. Figura o anuncio del 'golpe' de Cristo, que entregando su vida por todos hace posible vivir en paz con Dios y en Dios a quienes estén dispuestos a ello. Esta "acción maravillosa" se hace presente hoy día en nuestras celebraciones. En este contexto, el Triduo Pascual es el núcleo de la celebración litúrgica de la Iglesia, que contempla la muerte, sepultura y resurrección del Señor, tres fases diversas del mismo "misterio": el 'signo eficaz' al que estamos invitados todos: tomad y comed, tomad y bebed…

En el Triduo Pascual (tarde del jueves santo, viernes y sábado hasta la madrugada del domingo). La palabra "triduo" significa tres días de preparación, en este caso para la gran fiesta de la Resurrección; recuerda que la Vigilia pascual comienza en la noche del sábado y concluye con el alba del Domingo de Resurrección; en él 'contemplamos' la muerte, sepultura y resurrección del Señor. Muchos liturgistas señalan que, curiosamente, viernes y sábado santos, días grandes, no tienen celebración de la eucaristía.

Cristo vino de los cielos a la tierra a causa de los sufrimientos humanos; se revistió de la naturaleza humana… hizo suyas las pasiones y sufrimientos con su cuerpo, sujeto al dolor, y destruyó las pasiones de la carne… Se vio arrastrado como un cordero y degollado como una oveja, y así nos redimió de idolatrar al mundo, como en otro tiempo libró a los israelitas de Egipto… y marcó los miembros de nuestro cuerpo con su sangre. Este es el que cubrió a la muerte de confusión y dejó sumido al demonio en el llanto, como Moisés al Faraón. Este es el que derrotó a la iniquidad y a la injusticia, como Moisés castigó a Egipto con la esterilidad.

Este es el que nos sacó de la servidumbre a la libertad, de las tinieblas a la luz, de la muerte a la vida, de la tiranía al recinto eterno, e hizo de nosotros un sacerdocio nuevo y un pueblo elegido y eterno. Él es la Pascua de nuestra salvación.

Éste es el que tuvo que sufrir mucho y en muchas ocasiones: el mismo que fue asesinado en Abel (por su hermano Caín), y atado de pies y manos en Isaac, el mismo que peregrinó en Jacob y fue vendido en José, expuesto en Moisés y sacrificado en el cordero, perseguido en David y deshonrado en los profetas.

Éste es el que se encarnó en la Virgen, fue colgado del madero y fue sepultado en tierra, y el que, resucitado de entre los muertos, subió al cielo.

Muy interesante resulta la lectura de este Santo Padre, poco conocido entre nosotros. En primer lugar nos recuerda que Cristo se hizo hombre por nosotros –todos los humanos- y para nosotros. Para restablecer lo que habíamos perdido. Solemos olvidar que Cristo fue igual a nosotros en la condición humana, menos en el pecado, como afirma Pablo.

La expresión "las pasiones de la carne" va más allá de las referentes al sexo. Significa toda la naturaleza humana. Las personas no somos sólo espíritu. Y olvidar esto es causa de muchos errores y problemas. Tampoco somos "de este mundo", aunque vivimos en este mundo, que no es eterno. De ahí la necesidad de no idolatrarlo. La experiencia nos hace comprender que el mundo es "enemigo de Dios". Cristo pidió al Padre que librara a los suyos "que estaban en el mundo, pero no eran del mundo". A veces le damos más importancia al Demonio, otro de los tres enemigos. Pero quizás sea peor aquél que éste, porque en el mundo vivimos y nos movemos.

Libertad, luz, vida, eternidad es la oferta de Jesús, que nos hace miembros de un sacerdocio nuevo (a todos, laicos y clérigos). ¿Qué significa esto?: que todos podemos ofrecernos y ofrecer, como Cristo; si bien, además de este sacerdocio común, existe el del orden. No somos una doctrina, somos un pueblo que camina con el Vencedor a la cabeza. "Él es nuestra Pascua".

Me parece muy importante que Melitón de Sardes recalque que Cristo sufrió mucho, para que nosotros, sus seguidores no huyamos del sufrimiento que la vida trae consigo. Pero especialmente me gusta ese "identificar" a Cristo con Abel, Isaac, Jacob, José (vendido por sus hermanos), Moisés, el cordero pascual, David y los profetas, porque así nos está diciendo que el Antiguo Testamento y el Nuevo se complementan y que también en ti y en mí sufre y goza Jesús. Con él vivimos, moriremos y resucitaremos.

6. S. Juan Crisóstomo, obispo

El valor de la sangre de Cristo

(Hebreos 9, 11-28) (Viernes santo)

¿Quieres saber el valor de la sangre de Cristo? Remontémonos a las figuras que la profetizaron y recorramos las antiguas Escrituras... ¿Qué dices, Moisés? La sangre de un cordero irracional, ¿puede salvar a los hombres dotados de razón? "Sin duda —responde Moisés-: no porque se trate de sangre, sino porque en esta sangre se contiene una profecía de la sangre del Señor."...

¿Deseas descubrir aún por otro medio el valor de esta sangre? Mira de dónde brotó y cuál fue su fuente. Empezó a brotar de la misma cruz y su fuente fue el costado del Señor. Pues muerto ya el Señor, dice el Evangelio, uno de los soldados se acercó con la lanza y le traspasó el costado, y al punto salió agua y sangre: agua como símbolo del bautismo; sangre, como figura de la eucaristía... los judíos sacrificaron el cordero, y yo recibo el fruto del sacrificio.

"Del costado salió sangre y agua". No quiero que pases con indiferencia ante tan gran misterio, pues me falta explicarte aún otra interpretación mística. He dicho que esta agua y esta sangre eran símbolos del bautismo y la eucaristía. Pues bien, con estos dos sacramentos se edifica la Iglesia: con el agua de la regeneración y con la renovación del Espíritu Santo, es decir, con el bautismo y la eucaristía, que han brotado ambos del costado. Del costado de Jesús se formó, pues, la Iglesia, como del costado de Adán fue formada Eva... Así también nos dio el agua y la sangre después que Cristo hubo muerto.

Mirad de qué manera Cristo se ha unido a su esposa (la Iglesia), considerad con qué alimento la nutre. Con un mismo alimento hemos nacido y nos alimentamos. De la misma manera que la mujer se siente impulsada por su misma naturaleza a alimentar con su propia sangre y con su leche a aquel a quien ha dado a luz, así también Cristo alimenta siempre con su sangre a aquellos a quienes él mismo ha hecho renacer.

Aprender a interpretar las 'figuras' del Antiguo Testamento nos servirá para comprender con más profundidad las 'realidades' del Nuevo. De ahí la insistencia de Benedicto XVI en la unidad entre el A. y el N. Testamento. Los Santos Padres así lo hicieron. Siglos después la teología se convertiría en un conjunto de razonamientos, áridos la mayoría de las veces. ¡Tenemos que volver a la Palabra!

Con la sangre de Cristo ocurre lo mismo que sucede con la Palabra de Dios: su importancia es por ser de Dios, al que prestamos la total y absoluta confianza de la fe. Creemos la Palabra, porque creemos en quien la pronuncia.

En efecto, bautismo y eucaristía (junto con el sacramento del Perdón) son los pilares de la Iglesia, el Pueblo de Dios. Y lo mismo que Cristo fue realmente hombre y Dios, su Iglesia es a un tiempo realidad humana y divina (pecadora y santa; débil y todopoderosa). El Concilio Vaticano II nos recordó que ya no hay un orden natural y otro sobrenatural, totalmente desgajado de aquél, sino que vivimos en el orden de la redención, como Cristo hombre y Dios a la vez.

Se insiste hoy mucho en que Dios no habita en otro mundo, desde el que hace incursiones al nuestro, sino que vive en lo más profundo de nuestro ser. Por eso, para conectar con él, hemos de entrar en el interior de cada uno. Hemos de vivir en profundidad, sin esa superficialidad de algunos de nuestros contemporáneos, que convierten el seguimiento de Cristo en un conjunto de ritos y gestos muertos.

7. De una homilía antigua sobre el grande y santo Sábado

El descenso del Señor al abismo

(Hebreos 4, 1-13) (Sábado santo)

NOTA: El sábado santo hablamos del "gran silencio" y el gran ayuno, porque la Iglesia ha celebrado la Pasión del Señor, ha adorado a Cristo en la Cruz y queda sobrecogida, a la espera de la Resurrección de Jesús, que tendrá lugar al tercer día: viernes, sábado y domingo. De ahí que la Vigilia no debería concluir en horas del sábado, sino del domingo. Si bien por necesidades pastorales hay algunos que la adelantan a la tarde del sábado.

¿Qué es lo que 'hoy' sucede? Un gran silencio envuelve la tierra; un gran silencio y una gran soledad. Un gran silencio, porque el Rey duerme. La tierra está temerosa y sobrecogida, porque Dios se ha dormido en la carne y ha despertado a los que dormían desde antiguo. Dios ha muerto en la carne y ha puesto en conmoción al abismo.

Va a buscar a nuestro primer padre como si éste fuera la oveja perdida. Quiere visitar a "los que viven en tinieblas y en sombra de muerte" Él, que es al mismo tiempo Dios e Hijo de Dios, va a librar de sus prisiones y de sus dolores a Adán y Eva… Tomando (Jesús a Adán) por la mano, lo levanta diciéndole: "Despierta, tú que duermes, levántate de entre los muertos, y Cristo será tu luz".

Yo soy tu Dios, que por ti y por todos los que han de nacer de ti me he hecho tu hijo; y ahora te digo que tengo el poder de anunciar a los que están encadenados: "Salid", y a los que se encuentran en las tinieblas: "Iluminaos", y a los que duermen: "Levantaos"… Levántate, obra de mis manos; levántate, imagen mía, creado a mi semejanza. Levántate, salgamos de aquí, porque tú en mí, y yo en ti, formamos una sola e indivisible persona.

Por ti, yo, tu Dios, me he hecho tu hijo; por ti, yo, tu Señor, he revestido tu condición servil; por ti, yo, que estoy sobre los cielos, he venido a la tierra y he bajado al abismo; por ti, me he hecho hombre "semejante a un inválido que tiene su cama entre los muertos"; por ti, que fuiste expulsado del huerto, he sido entregado a los judíos en el huerto, y en el huerto he sido crucificado.

Contempla los salivazos de mi cara, que he soportado para devolverte tu primer aliento de vida... los golpes de mi mejilla... los azotes en mi espalda, que he aceptado para aliviar el peso de tus pecados... los clavos que me han sujetado fuertemente al madero...

Dormí en la cruz, y la lanza atravesó mi costado, por ti, que en el paraíso dormiste, y de tu costado diste origen a Eva... Levántate, salgamos de aquí. El enemigo te sacó del paraíso; yo te coloco, no ya en el paraíso, sino en el trono celeste. Te prohibí que comieras del árbol de la vida, que no era sino imagen del verdadero árbol: Yo soy el verdadero árbol, yo, que soy la vida y que estoy unido a ti... ahora te concedo que el querubín, reconociendo tu dignidad, te sirva.

La Iglesia, según una antiquísima tradición, no celebra la eucaristía ni el Viernes ni el Sábado santos. Desde la conclusión de la Celebración de la Pasión del Señor vive el gran silencio: su Señor está muerto. En este tiempo tiene lugar lo que en el Credo enunciamos con esa expresión tan desafortunada para los oídos de hoy: "bajó a los infiernos". El *Catecismo de la Iglesia Católica*, que recoge en su nº 635 esta homilía que acabas de leer, dice: "La Escritura llama infiernos, sheol o hades a la morada de los muertos, donde bajó Cristo después de muerto, porque los que se encontraban allí estaban privados de la visión de Dios. Tal era, en efecto, a la espera del Redentor, el estado de todos los muertos, malos o justos, lo que no quiere decir que su muerte sea idéntica como lo enseña Jesús en la parábola del pobre Lázaro recibido en el 'seno de Abraham'. Son precisamente estas almas santas, que esperaban a su Libertador en el seno de Abraham, a las que Jesucristo liberó cuando descendió a los infiernos" (nº 633)... "Cristo... abrió las puertas del cielo a los justos que le habían precedido" (nº 637).

Puede llamarnos la atención el diálogo, tierno y realista, de la homilía: por ti y por todos los que han de nacer de ti, yo, tu Dios, me he hecho tu hijo... El autor llega más lejos: nos indica <u>el para qué:</u> para devolverte tu primer aliento de vida, para aliviar el peso de tus pecados, para colocarte no ya en el paraíso, sino en el trono celeste, para que el querubín, reconociendo tu dignidad, te sirva.

8. Domingo de Pascua

NOTA: "Hoy la Vigilia pascual reemplaza el Oficio de lectura. Los que no han asistido a la Vigilia lean, por lo menos, cuatro lecturas con sus cánticos y oraciones". Las que se ponen en el Oficio son: Éxodo 14,15 a 15,1. Ezequiel 36, 16-28. Romanos 6, 3-11. y Mateo 28, 1-10. No hay lectura de Santos Padres.

9. Melitón de Sardes, obispo

Alabanza de Cristo
(1ª carta de Pedro 1, 1-21) (Lunes de la Octava)

La ley es antigua, pero la Palabra es nueva. La figura es pasajera, pero la gracia, eterna. Corruptible el cordero, pero incorruptible el Señor, el cual, inmolado como cordero, resucitó como Dios...

El Señor, siendo Dios, se revistió de la naturaleza de hombre: sufrió por el que sufría, fue encarcelado en bien del que estaba cautivo, juzgado en lugar del culpable, sepultado por el que yacía en el sepulcro. Y, resucitado de entre los muertos, exclamó con voz potente: "¿Quién tiene algo contra mí? ¡Que se me acerque!"... ¿Quién peleará contra mí? Yo soy –dice- (el) Cristo; el que venció la muerte, encadenó al enemigo, pisoteó el infierno, maniató al fuerte, llevó al hombre hasta lo más alto de los cielos; yo, en efecto, que soy Cristo.

Venid, pues, vosotros todos, los hombres que os halláis enfangados en el mal, recibid el perdón de vuestros pecados. Porque yo soy vuestro perdón, soy la Pascua de salvación, soy el cordero degollado por vosotros, soy vuestra agua lustral, vuestra vida, vuestra resurrección, vuestra luz, vuestra salvación y vuestro rey. Puedo llevaros hasta la cumbre de los cielos, os resucitaré, os mostraré al Padre celestial. Os haré resucitar con el poder de mi diestra.

Jesús –la Palabra hecha carne- no ha venido a eliminar la ley, sino para "ponerla al día", mejorarla, liberarla de ese ritualismo en el que los hombres solemos convertirla. El Antiguo Testamento fue figura (anticipo) de la realidad (el N.T.). La presencia de Cristo entre nosotros no tuvo una función de 'admiración', sino de ejemplaridad: lo que él hizo y vivió es lo que nosotros hoy, (en nuestras circunstancias, tan distintas de las suyas) hemos de hacer.

Todo lo que él hizo (y Melitón de Sardes sólo enumera unas cuantas cosas y éstas, ciertamente no de su vida oculta, que también hemos de imitar, sino de la pública) tiene un destino: ser imitado. Podríamos decir que también esas cosas que llamamos "milagros", porque no sólo nos ha liberado Jesús como 'humanos' de las ataduras propias de nuestra condición: miedos, egoísmo, soberbia… sino que "nos ha subido a los cielos", nos ha dado su vida, nos ha hecho hijos de Dios. Recordemos su afirmación: ¡Si tuvierais fe como un granito de mostaza, haríais las cosas que yo he hecho y aun mayores que éstas!

10. S. Anastasio de Antioquía, obispo

Era necesario que el Mesías padeciera
(1ª carta de Pedro 1,22 a 2,10) (Martes de la Octava)

Después que Cristo se había mostrado, a través de sus palabras y obras, como Dios verdadero y Señor del universo, decía a sus discípulos, a punto ya de subir a Jerusalén: "Mirad, estamos subiendo a Jerusalén y el Hijo del hombre va a ser entregado a los gentiles y a los sumos sacerdotes y a los escribas, para que lo azoten, se burlen de él y lo crucifiquen"... Su pasión era totalmente necesaria, como él mismo lo afirmó cuando calificó de hombres sin inteligencia y cortos de entendimiento a aquellos discípulos que ignoraban que el Mesías tenía que padecer para entrar en su gloria.

Porque él, en verdad, vino para salvar a su pueblo, dejando aquella gloria que tenía junto al Padre antes que el mundo existiese; y esta salvación es aquella perfección que había de obtenerse por medio de la pasión, y que había de ser atribuida al guía de nuestra salvación, como nos enseña la carta a los Hebreos, cuando dice que "él es el guía de nuestra salvación, perfeccionado y consagrado con sufrimientos". Y vemos, en cierto modo, cómo aquella gloria que poseía como Unigénito, y a la que por nosotros había renunciado por un breve tiempo, le es restituida a través de la cruz en la misma carne que había asumido; dice, en efecto, S. Juan, en su evangelio, al explicar en qué consiste aquella agua que dijo el Salvador que "manaría como un torrente de las entrañas del que crea en él. Decía esto refiriéndose al Espíritu que habían de recibir los que creyeran en él. Todavía no se había dado el Espíritu, porque Jesús no había sido glorificado"; aquí el evangelista identifica la gloria con la muerte en cruz. Por eso, el Señor, en la oración que dirige al Padre antes de su pasión, le pide que lo glorifique con aquella gloria que tenía junto a él, antes que el mundo existiese.

Nos cuesta a los cristianos un poquito de trabajo entender (o aceptar) que la vida pública de Jesús, vida de manifestación de su señorío, termine con el sufrimiento de la pasión y muerte y el abandono de sus apóstoles. Todo esto, pese a que estaba anunciado por el Antiguo Testamento y por el mismo Jesús. Y recurrimos al amor y bondad del Padre para con su Hijo, y todavía lo entendemos menos. Pero, sin duda, que la dificultad es una jugarreta de nuestro 'consciente' que se defiende del sufrimiento. ¡Estemos alerta ante este engaño, que nos puede apartar totalmente de la vía del Señor!. Todo lo que Jesús dijo e hizo –todo- es para nuestro aprendizaje. Aceptar la vida de Jesús en su integridad, por tanto también con este 'sufrimiento' y fracaso', es creer de verdad, es dejar a Dios ser Dios y no pretender hacernos un Dios "a nuestra medida". ¡Claro que pudo ser de otra manera, más concorde con nuestra lógica humana (tendente a llamar la atención y vivir cómodamente), pero ocurrió como nos ha narrado el Nuevo Testamento.

S. Anastasio nos enseña en su texto a completar unas citas bíblicas con otras, de ambos Testamentos, para no anteponer nuestros criterios a los criterios de Dios. Y a unirlas e interpretarlas con nuestra capacidad de responder, pero siempre abiertos a Dios y conscientes de que no podemos agotar, aquí abajo, su conocimiento.

La expresión "gloria de Cristo" no tiene nada que ver con nuestra mentalidad. Podemos hacerla equivalente a su obediencia hasta la muerte, y muerte en cruz, por amor al Padre y los hombres. Nada de honores al estilo humano.

11. De una homilía pascual de un autor antiguo

Cristo, autor de la resurrección y de la vida
(1ª carta de Pedro 2, 11-25) (Miércoles de la Octava)

S. Pablo, para celebrar la dicha de la salvación recuperada, dice: "Lo mismo que por Adán entró la muerte en el mundo, de la misma forma, por Cristo la salvación fue establecida en el mundo"; y en otro lugar: "El primer hombre, hecho de tierra, era terreno; el segundo hombre es del cielo". Y añade: "Nosotros que somos imagen del hombre terreno --o sea, del hombre viejo y de su pecado-- seremos también imagen del hombre celestial", esto es, del perdonado, redimido, restaurado; y, en Cristo alcanzaremos la salvación del hombre renovado, como dice el mismo apóstol...

Ante nuestros ojos tenemos a los que acaban de nacer en el agua de la vida de la madre Iglesia: reengendrados en la sencillez de los niños, nos recrean con los balbuceos de su conciencia inocente. Presentes están también los padres y madres cristianos que acompañan a su numerosa prole, renovada por el sacramento de la fe.

Aquí, cual hermanos de una única familia que se nutre en el seno de una madre común, la santa Iglesia, los neófitos adoran la divinidad y las maravillosas obras del único Dios en tres personas, y, con el profeta, cantan el salmo de la solemnidad pascual: "Este es el día en que actuó el Señor: sea nuestra alegría y nuestro gozo".

Pero ¿de qué día se trata? Sin duda de aquel que es el origen de la vida, el principio de la luz, el autor de toda claridad, es decir, el mismo Señor Jesucristo, quien afirmó de sí mismo: Yo soy el día: si uno camina de día, no tropieza", es decir, quien sigue en todo a Cristo, caminando siempre tras sus huellas, llegará hasta aquel solio donde brilla la luz eterna; tal como el mismo Cristo, cuando vivía aún en su cuerpo mortal, oró por nosotros al Padre, diciendo: "Padre, este es mi deseo: que los que creyeron en mí estén conmigo donde yo estoy, como tú estás en mí y yo en ti: que también ellos estén en nosotros".

Tradicionalmente, y todavía hoy, se suele realizar el bautismo durante la Vigilia Pascual, el sábado santo. A esto hace referencia la homilía. Es muy importante tener ese sentimiento de que quien nos reengendra para Dios es la madre Iglesia. En efecto, sin ella no podríamos acceder al Bautismo, primero de los sacramentos que el creyente recibe. Sentir a la Iglesia como madre nos compromete a ser fieles al Señor e ir creciendo y madurando en la fe, que no se puede igualar a un puro conocimiento de la Historia de la Salvación, sino que la fe consiste fundamentalmente en la permanente conversión (tarea que no concluye jamás durante esta vida terrena) ¿Y qué es convertirse?: andar por los caminos de Jesús, renunciando a nuestros propios caminos, es decir, a nuestros criterios que suelen estar infeccionados con los criterios del mundo.

Es cierto que todos los humanos, creyentes y no creyentes, bautizados y no bautizados, somos en un sentido más amplio 'hijos de Dios' y por todos ha dado su vida Cristo. Pero la llamada "Familia de los hijos de Dios" la formamos quienes hemos recibido válidamente el agua del bautismo.

Recordemos aquí que el bautismo por inmersión estaba más cargado de simbología que la forma actual. El que iba a ser bautizado era sepultado por el agua de la piscina o río (sus pecados, pues, quedaban ahogados) y al salir de allí era revestido con una túnica blanca (signo de limpieza, fiesta y alegría). Recordemos también que esta es la razón por la que el Concilio Vaticano II insistió en que el tiempo de Cuaresma debería tener un grande tinte bautismal.

"Este es el día": se trata de una expresión cargada también de significado. Nosotros, creaturas de Dios, nos movemos entre dos coordenadas, que son el espacio y el tiempo. Y Dios al hacerse hombre, encarnarse, se ha sujetado a esta doble dimensión. Lo que hay que entender bien es que cuando en la liturgia decimos, p.ej. hoy el Señor ha liberado a su pueblo, no estamos diciendo que ha tenido lugar otra Pascua, sino que la única Pascua-histórica se hace presente en nuestro hoy, porque al ser un hecho histórico de Dios rompe esa limitación del tiempo en que nosotros vivimos. En otras palabras, no hemos celebrado sólo el recuerdo de aquella primera Pascua, sino que también HOY está pasando y liberando el Señor… a todos los que nos dejemos liberar. No es esto lo que sucede en nuestros cumpleaños o aniversarios de boda y ordenación sacerdotal.

12. De "Las Catequesis de Jerusalén"

El bautismo, figura de la pasión de Cristo
(1ª Carta de San Pedro, 3, 1-17) (Jueves de la Octava)

Fuisteis conducidos a la santa piscina del divino bautismo, como Cristo desde la cruz fue llevado al sepulcro. Y se os preguntó a cada uno si creíais en el nombre del Padre y del Hijo y del Espíritu Santo. Después de haber confesado esta fe salvadora, se os sumergió por tres veces en el agua y otras tantas fuisteis sacados de la misma: con ello significasteis, en imagen y símbolo, los tres días de la sepultura de Cristo.

Pues así como nuestro Salvador pasó en el seno de la tierra tres días y tres noches, de la misma manera vosotros habéis imitado con vuestra primera **emersión** *(salida del agua) el primer* **día** *que Cristo estuvo en la tierra, y, con vuestra* **inmersión** *(entrada en el agua), la primera* **noche**. *Porque, así como de noche no vemos nada y, en cambio, de día lo percibimos todo, del mismo modo en vuestra inmersión, como si fuera de noche, no pudisteis ver nada; en cambio, al emerger os pareció encontraros en pleno día; y en un mismo momento os encontrasteis muertos y nacidos, y aquella agua salvadora os sirvió a la vez de sepulcro y de madre.*

¡Oh maravilla nueva e inaudita! No hemos muerto ni hemos sido sepultados, ni hemos resucitado después de crucificados en el sentido material de estas expresiones, pero, al imitar estas realidades en imagen hemos obtenido así la salvación verdadera...

No piense nadie, pues, que el bautismo fue dado solamente por el perdón de los pecados y para alcanzar la gracia de la adopción, como en el caso del bautismo de Juan, que confería sólo el perdón de los pecados; nuestro bautismo, como bien sabemos, además de limpiarnos del pecado y darnos el don del Espíritu, es también tipo y expresión de la pasión de Cristo. Por eso Pablo decía: "¿Es que no sabéis que los que por el bautismo nos incorporamos a Cristo Jesús fuimos incorporados a su muerte? Por el bautismo fuimos sepultados con él en la muerte"

La Catequesis explica perfectamente los símbolos (el significado) del bautismo: la fe es previa al rito del agua, que destruye y da vida; ¿qué destruye o ahoga?: el pecado, el hombre viejo; ¿qué vida da?: la Vida divina. Sin el agua la tierra no produce nada. El que recibe el bautismo tiene como destino dar frutos y frutos abundantes. De ahí el símbolo del agua, que, en los primeros tiempos, al ser sumergido del todo bajo ella simbolizaba (mejor que ahora) la muerte y resurrección.

El requerirse la fe como elemento previo para el bautismo crea un problema de cara a los niños que reciben este sacramento. Problema que se solucionó en un momento con el papel de los padres y padrinos que quedan comprometidos a educar cristianamente a sus hijos y apadrinados.

Las tres inmersiones simbolizaban, como nos dice la Catequesis, "los tres días de la sepultura de Cristo". El catequista usa a continuación los símbolos de la luz (el día, la vida) y la obscuridad (la noche, la muerte), siempre con referencia a Cristo-Luz y Vida.

El bautismo nos ha concedido, además, el don (el regalo) del Espíritu Santo, Dios como el Padre y el Hijo, y con él la misma fuerza de Dios. ¡Qué pena que, a veces, vivamos algunas personas sin conciencia de esa fuerza que es suficiente para resistir las tentaciones, para reconocer con sencillez y humildad las propias caídas y para entregarnos al servicio de nuestros 'próximos'! Esto es lo que nos da esa auténtica felicidad que tanto deseamos todos.

13. De "Las Catequesis de Jerusalén"

La unción del Espíritu Santo
(1ª Carta de San Pedro 3, 18 a 4, 11) (viernes de la Octava)

Bautizados en Cristo y revestidos de Cristo, habéis sido hechos semejantes al Hijo de Dios. Porque Dios nos predestinó para la adopción, nos hizo conformes al cuerpo glorioso de Cristo. Hechos, por tanto, partícipes de Cristo (que significa Ungido), con toda razón os llamáis ungidos; y Dios mismo dijo de vosotros: "no toquéis a mis ungidos".

Fuisteis convertidos en Cristo al recibir (en el bautismo) el signo del Espíritu Santo: pues con relación a vosotros todo se realizó en símbolo e imagen; en definitiva, sois imágenes de Cristo... Vosotros, después que subisteis de la piscina, recibisteis el crisma, signo de aquel mismo Espíritu Santo con el que Cristo fue ungido. De este Espíritu dice el profeta Isaías en una profecía relativa a sí mismo: "el Espíritu del Señor está sobre mí, porque el Señor me ha ungido; me ha enviado para dar la buena noticia a los que sufren"...

Cristo fue ungido con el aceite espiritual de júbilo, es decir, con el Espíritu Santo, que se llama 'aceite de júbilo', porque es el autor y la fuente de toda alegría espiritual, pero vosotros al ser ungidos con ungüento material, habéis sido hechos partícipes y consortes del mismo Cristo.

Por lo demás no se te ocurra pensar que se trata de un simple y común ungüento. Pues, de la misma manera que, después de la invocación del Espíritu Santo, el pan de la Eucaristía no es ya un simple pan, sino el cuerpo de Cristo, así aquel sagrado aceite, después de que ha sido invocado el Espíritu en la oración consagratoria, no es ya un simple aceite ni un ungüento común, sino el don de Cristo y del Espíritu Santo, ya que realiza, por la presencia de la divinidad, aquello que significa. Por eso, este ungüento se aplica simbólicamente sobre la frente y los demás sentidos, para que mientras se unge el cuerpo con un aceite visible, el creyente quede santificado por el Santo y vivificante Espíritu.

El trozo inicial de la catequesis dice cosas muy hermosas y serias: el bautismo nos ha hecho "semejantes al Hijo de Dios" (dos cosas son semejantes cuando guardan cierta proporción, sin llegar a ser 'iguales'); "conformes al cuerpo glorioso de Cristo", destinado a la gloria, tras la fatiga y el gozo de esta vida terrenal; "partícipes de Cristo", es decir, ungidos como él. Pero lo que suena más fuerte es la afirmación: "Fuisteis convertidos **en** Cristo"; observa que dice "convertido en": antiguamente se decía mucho esta frase: el cristiano, tú y yo, somos otro Cristo.

Lo mismo que el profeta Isaías se aplicó a él mismo: "me ha enviado para dar la buena noticia a los que sufren", cada uno de nosotros puede y no solamente puede, sino que debe aplicarse literalmente estas palabras. No nos ha puesto el Señor *en* la tierra para "no pecar", sino para "servir a los otros", para pasar por el mundo –como él—haciendo el bien.

Muy importante resulta recordar que poseemos el "espíritu de júbilo", "la fuente de toda alegría". Pero una alegría que no viene de fuera, sino que nace de dentro, y, por eso se mantiene aun en medio de la pasión y la cruz.

Los signos físicos, como el agua del bautismo, el ungüento (crisma)… y las palabras parabólicas o metafóricas no son sólo eso: son signos eficaces (sacramentos), que realizan lo que significan. Hay en ellos la misma diferencia abismal que existe entre la Palabra de Dios y nuestras palabras.

14. De "Las Catequesis de Jerusalén"

El pan celestial y la bebida de salvación
(1ª carta de San Pedro 4,12 a 5,14) (Sábado de le Octava)

Nuestro Señor Jesucristo... dijo: "tomad y comed; esto es mi cuerpo"... "tomad, bebed; esta es mi sangre"... Por lo cual estamos firmemente persuadidos de que recibimos como alimento el cuerpo y la sangre de Cristo. Pues bajo la figura del pan se te da el cuerpo, y bajo la figura del vino, la sangre; para que al tomar el cuerpo y la sangre de Cristo, llegues a ser un solo cuerpo y una sola sangre con él. Así, al pasar su cuerpo y su sangre a nuestros miembros, nos convertimos en portadores de Cristo. Y, como dice el bienaventurado Pedro, nos hacemos partícipes de la naturaleza divina.

En otro tiempo, Cristo, disputando con los judíos, dijo: "Si no coméis mi carne y no bebéis mi sangre, no tenéis vida en vosotros. Pero como no lograron entender el sentido espiritual de lo que estaban oyendo, se hicieron atrás escandalizados, pensando que se les estaba invitando a comer carne humana...

No pienses, por tanto, que el pan y el vino eucarísticos son elementos simples y comunes: son nada menos que el cuerpo y la sangre de Cristo, de acuerdo con la afirmación categórica del Señor; y aunque los sentidos te sugieran lo contrario, la fe te certifica y asegura la verdadera realidad. La fe que has aprendido te da, pues, esta certeza: lo que parece pan no es pan, aunque tenga gusto de pan, sino el cuerpo de Cristo; y lo que parece vino no es vino, aun cuando así lo parezca al paladar, sino la sangre de Cristo; por eso, ya en la antigüedad, decía David en los salmos: "El pan da fuerza al corazón del hombre y el aceite da brillo a su rostro. Fortalece, pues, tu corazón comiendo ese pan espiritual, y da brillo al rostro de tu ser.

Comulgar bajo las dos especies no es todavía hoy frecuente, por puro problema práctico. Pero sabemos que comulgando solamente la forma consagrada recibimos todo Cristo.

Lo importante de esta Catequesis está en la afirmación: que al tomar la comunión caigas en la cuenta de que debes hacerte una sola realidad con Cristo. ¿Qué significa esto?: que actúes como él, que vivas como él, que vayas cambiando tus gustos y tus criterios –sin prisa, pero sin pausa- por los suyos. "Ser un solo cuerpo y una sola sangre" con otro es identificarte con él. El autor de la catequesis dice, con mucho realismo, que el cuerpo y la sangre de Cristo pasan a nuestros miembros y nos convertimos en "portadores" (sagrarios vivos) de Cristo. ¡Cuánto nos ayudaría concienciar esto y estar convencidos de ello!

Luchemos con empeño y constancia para que estas verdades que leemos se conviertan en vida y no creamos que son 'metáforas', 'palabras bonitas'. El mismo Pedro llega a decir: "nos hacemos partícipes de la naturaleza divina". Habremos de añadir: "sin perder nuestra naturaleza humana". De ahí la lucha diaria que vivimos entre el bien y el mal. Pero también esto lo vivió Cristo en sí mismo, no seamos olvidadizos: fue auténticamente hombre y fue auténticamente Dios, algo que olvidamos con frecuencia y tratamos a Jesús como si solo hubiera sido Dios o como si su divinidad hubiera anulado su humanidad.

¿Sabes qué pienso yo?: que esto es un engaño inconsciente que nos hace nuestro ser, para no comprometernos en imitar –de verdad- a Jesús. O con otras palabras, que es una tentación de Satanás. Vigilemos nuestro corazón, porque "nada hay más engañoso que el corazón del hombre". Palabra de Dios, no mía.

Cristo dejó claro: "si no coméis mi carne y no bebéis mi sangre, no tenéis vida en vosotros". Fijémonos en lo que sucede: la eucaristía es una comida –ni más ni menos que comemos a Cristo- pero ¿qué ocurre con frecuencia?: que participamos en la preparación y reparto del alimento santo y no lo comemos. Las razones pueden ser muy variadas. Pero ¿quién va a un restaurante a ver comer a los otros?…

No estoy diciendo que si no vamos a comulgar no celebremos la eucaristía. No. Lo que estoy diciendo es que podemos ir en condiciones para "rematar la faena", porque lo único que impide comulgar es encontrarme en pecado mortal, también llamado grave. Pero para eso está el Sacramento del Perdón, la prueba más grande del amor de quien dijo: *No he venido a condenar, sino a salvar… ¿Nadie te ha condenado, mujer?… Yo tampoco te condeno… Esta es mi sangre derramada por vosotros y por todos los hombres <u>para</u> <u>el perdón de los pecados</u>…*

15. De los sermones de S. Agustín, obispo

La nueva creación en Cristo
(Carta de Pablo a los Colosenses 3, 1-17) (Domingo de la Octava)

Me dirijo a vosotros (los adultos que recibieron el bautismo en la Vigilia Pascual) con las palabras del Apóstol: "Vestíos del Señor Jesucristo, y que el cuidado de vuestro cuerpo no fomente los malos deseos", para que os revistáis de la vida que se os ha comunicado en el sacramento. "Los que os habéis incorporado a Cristo por el bautismo os habéis revestidos de Cristo. Ya no hay distinción entre judíos y gentiles, esclavos y libres, hombres y mujeres, porque todos sois uno en Cristo Jesús".

En esto consiste la fuerza del sacramento: en que es el sacramento de la vida nueva, que empieza ahora con la remisión de todos los pecados pasados y que llegará a su plenitud con la resurrección de los muertos. "Con el bautismo fuisteis sepultados con él en la muerte, para que, así como Cristo fue resucitado de entre los muertos, así también andéis vosotros en una vida nueva". Pues ahora, mientras vivís en vuestro cuerpo mortal, desterrados lejos del Señor, caminéis por la fe; pero tenéis un camino seguro que es Cristo Jesús en cuanto hombre, el cual es al mismo tiempo el término al que tendéis, quien por nosotros ha querido hacerse hombre. Él ha reservado una inmensa ternura para quienes le temen y la manifestará y dará con toda plenitud a los que esperan en él, una vez que hayamos recibido la realidad de lo que ahora poseemos sólo en esperanza.

Hoy se cumplen los ocho días de vuestro renacimiento y hoy se completa en vosotros el sello de la fe, que entre los antiguos padres se llevaba a cabo en la circuncisión de la carne a los ocho días del nacimiento carnal.

Por eso mismo, el Señor… consagró con su resurrección el domingo, que es el tercer día después de su pasión y el octavo contando a partir del sábado; y, al mismo tiempo, el primero de la semana.

La Iglesia primitiva bautizaba a los catecúmenos la noche del sábado santo. S. Agustín cita a Pablo para recordarnos "que el cuidado de nuestro cuerpo —necesario y conveniente—no fomente los malos deseos". No reduzcamos la expresión al campo sexual, sino alarguémoslo al terreno de la vanidad, la pobreza, etc, etc. ¡Cuánta dependencia o esclavitud por mantener la línea, evitar las arrugas, parecernos a las/los modelos de la televisión…!. El bautismo nos ha hecho "otro Cristo", pero pienso que la pastoral actual no da siempre la importancia que merece a este sacramento, el primero de los que recibimos en nuestra peregrinación por este mundo. Sería muy bueno y muy eficaz que con frecuencia renováramos las "renuncias" que se hacen en la noche del sábado santo, especialmente la fórmula tercera, que nos marca un bello programa para todos los que queremos ser cristianos de verdad: <¿Renunciáis a Satanás, esto es: al pecado, al mal, al error, a la violencia, al egoísmo, a vuestras envidias y odios, a vuestras perezas e indiferencias, a vuestras cobardías y complejos, a vuestras tristezas y desconfianzas, a vuestras injusticias y favoritismos, a vuestros materialismos y sensualidades, a vuestras faltas de fe, esperanza y caridad, a creeros los mejores, a veros superiores, a estar muy seguros de vosotros mismos, a creer que ya estáis convertidos del todo, a quedaros en las cosas, medios, instituciones, métodos, reglamentos y no ir a Dios?>

Para alcanzar esta libertad de los hijos de Dios hay un camino —ojo, sólo un camino--, que S. Agustín nos señala, aprendido de la misma palabra de Jesús: Cristo en cuanto hombre. Y el alimento para este camino, largo y duro, es la eucaristía de cada domingo: la mesa de su Palabra y de su Cuerpo. ¡No dejemos, por nada del mundo, de participar en esa mesa, de un modo pleno, consciente y activo! (Vat. II, S.C. 14,30,48,50,114)

16. De una homilía pascual de autor antiguo

La Pascua espiritual

(Apocalipsis 1, 1-20) (T.P. lunes II)

La Pascua que celebramos es el origen de la salvación de todos los hombres, empezando por el primero de ellos, Adán, que pervive aún en todos los hombres y en nosotros recobra ahora la vida. Aquellas instituciones temporales que existían al principio para prefigurar la realidad presente eran sólo imagen y prefiguración parcial e imperfecta de lo que ahora aparece; pero una vez presente la realidad, conviene que su imagen se eclipse; del mismo modo que, cuando llega el rey, a nadie se le ocurre venerar su imagen, sin hacer caso de su persona.

En nuestro caso es evidente hasta qué punto la imagen es superada por la realidad, puesto que aquélla conmemoraba la momentánea preservación de la vida de los primogénitos judíos, mientras que ésta, la realidad, celebra la vida eterna de todos los hombres.

No es gran cosa, en efecto, escapar de la muerte por un cierto tiempo, si poco después hay que morir; sí lo es, en cambio, poderse librar definitivamente de la muerte; y este es nuestro caso una vez que Cristo, nuestra Pascua, se inmoló por nosotros. El nombre mismo de esta fiesta indica ya algo muy grande si lo explicamos de acuerdo con su verdadero sentido. Pues Pascua significa "paso", ya que el exterminador que hería a los primogénitos de los egipcios pasaba de largo ante las casas de los hebreos (marcadas con la sangre del cordero). Y entre nosotros vuelve a pasar de largo el exterminador, porque pasa sin tocarnos, una vez que Cristo nos ha resucitado a la vida eterna....

Así, pues, todo aquel que sabe que la Pascua ha sido inmolada por él, sepa también que para él la vida empezó en el momento en que Cristo se inmoló para salvarle. Y Cristo se inmoló por nosotros si confesamos la gracia recibida y reconocemos que la vida nos ha sido devuelta por este sacrificio. Y quien llegue al conocimiento de esto debe esforzarse en vivir de esta vida nueva y no pensar ya en volver otra vez a la antigua, puesto que la vida antigua ha llegado a su fin. Por ello dice la Escritura: "Nosotros, que hemos muerto al pecado, ¿cómo vamos a vivir más en pecado?"

Dios ha salvado a todos los hombres. Otra cosa es que todos queramos acoger esta salvación. De ahí que los cristianos no podamos encerrarnos en las cuatro paredes de la Iglesia cristiana, sino que nos sintamos como hermanos de todas las personas, y tengamos claro –sin envidia ni complejos-- que a todas las ama él, por todas se ha hecho hombre, por todas ha entregado su vida. ¿Entonces da igual bautizarse y vivir de acuerdo con este sacramento y los mandamientos o no? De ninguna manera. Cierta vez oí este ejemplo: ¿da igual ver una ciudad con guía que sin él? Claro que no.

¡Qué bonita es la idea de que "Adán pervive en todos los hombres y en ti y en mí recobra ahora la vida". ¿Qué significa esto?: que todos somos amigos de Dios y todos caemos una y mil veces, pero Dios no rompe con nosotros: nos promete la salvación, nos tiene destinados "al paraíso eterno"… si perseveramos.

Nosotros no vivimos de las imágenes del Rey, sino de su presencia. La unción del bautismo nos lo ha hecho presente en nuestro ser entero. Se ha hecho hombre para marcarnos el camino, que nos lleva a la verdad y a la vida plena, desde esta vida terrenal. Puedes leer el Salmo 18.

Que "pascua" significa el paso del Señor para liberar a sus hijos, esclavos en Egipto, con esa última plaga, que tantas veces hemos visto en el cine, nos recuerda el valor de la sangre del cordero pascual. Y de ahí viene llamar a Cristo "Cordero de Dios", porque HOY con su sangre nos libra de la esclavitud del pecado y de la muerte. Entender que el pecado y la muerte nos esclavizan no debería ser difícil: todas las actitudes que nos hacen dependientes, que se nos convierten en 'necesidades' –por pequeñas que sean- nos esclavizan. ¡Cuántas personas viven angustiadas por la idea de la muerte, por ejemplo!

Como nos dice la catequesis, 'confesar' y reconocer que la vida nos ha sido devuelta por este sacrificio de Cristo nos compromete a esforzarnos en vivir de esta vida nueva y no pensar ya en volver otra vez a la antigua, puesto que la vida antigua ha llegado a su fin.

17. De los libros de S. Fulgencio de Ruspe, obispo, a Mónimo

Sacramento de unidad y de caridad
(Apocalipsis, 2, 1-11) (T.P. martes II)

La edificación espiritual del cuerpo de Cristo... nunca se pide más oportunamente que cuando el cuerpo de Cristo, que es la Iglesia, ofrece el mismo cuerpo y la misma sangre de Cristo en el sacramento del pan y del cáliz: "El cáliz que bebemos es comunión con la sangre de Cristo, y el pan que partimos es comunión con el cuerpo de Cristo; el pan es uno, y así nosotros, aunque somos muchos, formamos un solo cuerpo, porque comemos todos del mismo pan". Y lo que en consecuencia pedimos es que con la misma gracia con la que la Iglesia se constituyó en cuerpo de Cristo, todos los miembros, unidos en la caridad, perseveren en la unidad del mismo cuerpo, sin que su unión se rompa.

Esto es lo que pedimos que se realice en nosotros, por la gracia del Espíritu, que es el mismo Espíritu del Padre y del Hijo; porque la Santa Trinidad, en la unidad de naturaleza, igualdad y caridad, es el único, solo y verdadero Dios, que santifica en la unidad a los que adopta.

Por lo cual dice la Escritura: "El amor de Dios ha sido derramado en nuestros corazones con el Espíritu Santo que se nos ha dado".

Pues el Espíritu Santo, que es el mismo Espíritu del Padre y del Hijo, en aquellos a quienes concede la gracia de la adopción divina, realiza lo mismo que llevó a cabo en aquellos de quienes se dice, en el libro de los Hechos de los apóstoles, que habían recibido este mismo Espíritu. De ellos se dice, en efecto: "En el grupo de los creyentes todos pensaban y sentían lo mismo"; pues el Espíritu único del Padre y del Hijo, que, con el Padre y el Hijo es un único Dios, había creado un solo corazón y una sola alma en la muchedumbre de los creyentes.

Por lo que el Apóstol dice que esta unidad de Espíritu con el vínculo de la paz ha de ser guardada con toda solicitud, y aconseja así a los Efesios: "Yo, el prisionero por el Señor, os ruego que andéis como pide la vocación a la que habéis sido convocados. Sed siempre humildes y amables, sed comprensivos, sobrellevaos mutuamente con amor; esforzaos en mantener la unidad del Espíritu, con el vínculo de la paz"

Dios acepta y recibe con agrado a la Iglesia como sacrificio cuando la Iglesia conserva la caridad que derramó en ella el Espíritu Santo: así, si la Iglesia conserva la caridad del Espíritu, puede presentarse ante el Señor como una hostia viva, santa y agradable a Dios.

Llama la atención la insistencia de S. Fulgencio en recordarnos –hasta tres veces— que Padre, Hijo y Espíritu Santo son un solo Dios. Y que cuando recibimos el Espíritu, quedamos poseídos por el único Dios.

El valor y necesidad de la unidad dentro de la Iglesia, el cuerpo que tiene por cabeza a Cristo, es otra de las constantes de esta catequesis.

¿De qué unidad se trata?: de pensamiento y de sentimientos: *"en el grupo de los creyentes todos pensaban y sentían lo mismo, pues el Espíritu había creado un solo corazón y una sola alma en la muchedumbre de los creyentes"*. Pronto se rompe la unidad por el protagonismo de unos y de otros, como vemos en los Hechos de los Apóstoles. Lo cual nos lleva a afirmar que la unidad es más una meta a conseguir que algo ya adquirido.

¿Y qué es lo que puede unirnos?: si somos realistas, habremos de dar la razón al Apóstol: "la humildad, la amabilidad, la comprensión, el 'sobrellevarnos' mutuamente con amor (¡cuánto realismo respira la palabra 'sobrellevarnos'!) y el esfuerzo para mantener la unidad con el vínculo de la paz… como pide la vocación a la que hemos sido convocados.

Recordemos que unidad no es 'uniformidad', pensamiento único, sino todo lo contrario: pluralidad, diversidad coordinada; y que la paz colectiva no es posible sin la paz individual, actitud del corazón y no tanto elementos externos, como reglamentos, castigos, etc, que también ayudan.

18. De los sermones de S. León Magno, papa

Cristo vive en su Iglesia

(Apocalipsis, 2, 12-29) (T.P. miércoles II)

Es indudable, queridos hermanos, que la naturaleza humana fue asumida tan íntimamente por el Hijo de Dios, que no sólo en él, que es el primogénito de toda creatura, sino también en todos sus santos (los bautizados), no hay más que un solo Cristo; pues del mismo modo que la cabeza no puede separarse de los miembros, tampoco los miembros de la cabeza.

Aunque el que Dios lo sea todo en todos no es propio de esta vida, sino de la eterna, no por ello deja de ser ya ahora el Señor huésped inseparable de su templo, que es la Iglesia, de acuerdo con lo que él mismo prometió al decir: "Sabed que yo estoy con vosotros todos los días, hasta el fin del mundo".

Por ello, todo cuanto el Hijo de Dios hizo y enseñó para la reconciliación del mundo, no sólo podemos conocerlo por la historia de los acontecimientos pasados, sino también sentirlo en la eficacia de las obras presentes.

Por obra del Espíritu Santo nació él de una Virgen, y por obra del mismo Espíritu Santo fecunda también su Iglesia pura, a fin de que, a través del bautismo, dé a luz a una multitud innumerable de hijos de Dios, de quienes está escrito: "Estos no han nacido de sangre, ni de amor carnal, ni de amor humano, sino de Dios".

Él es aquel vástago en quien fue bendecida la descendencia de Abrahán y por quien la adopción filial se extendió a todos los pueblos, llegando por ello Abrahán a ser el padre de todos los hijos nacidos, no de la carne, sino de la fe en la promesa.

Es también quien, sin excluir a ningún pueblo, ha reunido en una sola grey las santas ovejas de todas las naciones que hay bajo el cielo, realizando cada día lo que prometió cuando dijo: "Tengo, además, otras ovejas que no son de este redil; también a esas las tengo que traer. Y escucharán mi voz y habrá un solo rebaño, un solo pastor"...

Es él también aquel en cuya pasión participa no sólo la gloriosa fortaleza de los mártires, sino también la fe de todos los que renacen en el bautismo.

Por este motivo la pascua del Señor se celebra legítimamente con ázimo de sinceridad y de verdad, si, desechado el fermento de la antigua malicia, la nueva criatura se embriaga y nutre del mismo Señor. Porque la participación del cuerpo y de la sangre de Cristo no hace otra cosa sino convertirnos en lo que recibimos: y seamos portadores, en nuestro espíritu y en nuestra carne, de aquel en quien y con quien hemos sido muertos, sepultados y resucitados.

Es valiente la afirmación de S. León Magno: en todas las personas bautizadas (a esto corresponde hoy el nombre de "santos" en el A. y N. Testamento) no hay más que un solo Cristo, porque somos miembros del cuerpo —la Iglesia- cuya cabeza es Cristo.

A través del Bautismo somos hechos hijos de Dios, pero es doloroso reconocer que algunos cristianos no somos conscientes y consecuentes con este sacramento, fuente y raíz de todos nuestros derechos... y, consiguientemente, de nuestros compromisos.

Insiste S. León Magno en que Jesús no excluye ningún pueblo, sino que ha venido a salvar a todas las naciones que hay bajo el cielo, como el buen pastor.

A ti y a mí este dato nos compromete a sentirnos hermanos de todos, a colaborar en el desarrollo de esta tierra de todos. El peligro está en que nos digamos: "pero yo, que soy tan poca cosa ¿qué voy a poder hacer por esos pueblos que están marginados y explotados?" Tú y yo que nos alimentamos con la Palabra y el cuerpo de Cristo "somos portadores de Cristo". Ni menos ni más. Y Cristo nos dijo: *si tuvierais fe como un granito de mostaza, haríais las cosas que yo he hecho y aun mayores que éstas".* ¿Será la falta de fe (auténtica) la razón de que, individual y colectivamente, tengamos hoy día tan poca fuerza para practicar lo que se nos pide y atraer a los otros a nuestras convicciones?

Observemos el tiempo del verbo: <u>hemos sido</u> muertos, sepultados y resucitados. Ya han ocurrido en nosotros esas tres cosas por el bautismo ¿no es hermoso? Ahora lo que falta es que, con nuestra conducta, lo confirmemos.

19. De los tratados de S. Gaudencio de Brescia, obispo

La rica herencia del nuevo Testamento
(Apocalipsis 3, 1-22) (T.P. jueves II)

El sacrificio celeste instituido por Cristo constituye efectivamente la rica herencia del nuevo Testamento que el Señor nos dejó, como prenda de su presencia, la noche en que iba a ser entregado para morir en la cruz.

Este es el viático de nuestro viaje, con el que nos alimentamos y nutrimos durante el camino de esta vida, hasta que saliendo de este mundo lleguemos a Él. Por esto decía el mismo Señor: "Si no coméis mi carne y no bebéis mi sangre, no tenéis vida en vosotros".

Quiso, en efecto, que sus beneficios quedaran entre nosotros, quiso que las personas, redimidas por su preciosa sangre, fueran santificadas por este sacramento, imagen de su pasión; y encomendó por ello a sus fieles discípulos, a los que constituyó primeros sacerdotes de su Iglesia, que siguieran celebrando ininterrumpidamente estos misterios de la vida eterna; misterios que han de celebrar todos los sacerdotes de cada una de las iglesias de todo el orbe, hasta el glorioso retorno de Cristo. De este modo los sacerdotes, junto con toda la comunidad de creyentes, contemplando todos los días el sacramento de la pasión de Cristo, llevándolo en sus manos, tomándolo en la boca y recibiéndolo en el pecho, mantendrán imborrable el recuerdo de la redención.

El pan, formado de muchos granos de trigo convertidos en flor de harina, se hace con agua y llega a su entero ser por medio del fuego. Por ello resulta fácil ver en él una imagen de todo el cuerpo de Cristo, el cual, como sabemos, es un solo cuerpo formado por una multitud de hombres de toda raza, y llega a su total perfección por el fuego del Espíritu Santo.

Cristo, en efecto, nació del Espíritu Santo y, como convenía que cumpliera todo lo que Dios quiere, entró en el Jordán para consagrar las aguas del bautismo, y después salió del agua lleno del Espíritu Santo, que había descendido sobre él en forma de paloma, como lo atestigua el evangelista: "Jesús, lleno del Espíritu Santo, volvió del Jordán".

De modo semejante, el vino de su sangre, cosechado de los múltiples racimos de la viña por él plantada, se exprimió en el lagar de la cruz, y bulle por su propia fuerza en los vasos generosos de quienes lo beben con fe.

Los que acabáis de libraros del poder de Egipto y del Faraón (por el bautismo), que es el diablo, compartid en nuestra compañía, con toda la avidez de vuestro corazón creyente, este sacrificio de la Pascua salvadora; para que el mismo Señor nuestro, Jesucristo, al que reconocemos presente en sus sacramentos, nos santifique en lo más íntimo de nuestro ser: cuyo poder inestimable permanece por los siglos.

¡Qué nombres tan lindos se da a la eucaristía en esta catequesis: "sacrificio celeste", "la rica herencia del nuevo Testamento.", "prenda de la presencia de Cristo", "viático de nuestro viaje", "misterios de vida eterna"…

Se nos dice, además, que con la eucaristía nos alimentamos y nutrimos. Y son dos los alimentos que ofrece. Por eso se habla de las "dos mesas de toda eucaristía": la de la Palabra y la del Cuerpo de Cristo. Pero ambas exigen –como todo alimento—tres acciones: una preparación, comer (escuchar y comulgar) y una buena digestión. Por eso no me canso de decir que la fe no es magia, sino que, siendo don de Dios (regalo, gracia) requiere y exige nuestra colaboración.

¡Qué lindos, también, los ejemplos del pan y el vino que S. Gaudencio nos pone!: uno y otro son frutos de muchos granos, cuya individualidad desaparece (triturados) a favor de la unión.

El objetivo final de esta doble mesa es 'ser santificados en lo más íntimo de nuestro ser'. ¿Y qué es lo más íntimo de la persona?: el corazón, el motor de todo individuo. De ahí la importancia que tiene bucear diariamente en nuestro corazón, porque ahí está la raíz de nuestras buenas y malas acciones.

20. De los sermones de S. Teodoro Estudita

Preciosa y vivificante es la cruz de Cristo
(Apocalipsis 4, 1-11) (T.P. viernes II)

¡Oh don preciosísimo de la cruz! ¡Qué aspecto tiene más esplendoroso! No contiene, como el árbol del paraíso, el bien y el mal entremezclados, sino que en él todo es hermoso y atractivo, tanto para la vista como para el paladar.

Es un árbol que engendra la vida, sin ocasionar la muerte; que ilumina sin producir sombras; que introduce en el paraíso, sin expulsar a nadie de él. Es el madero al que Cristo subió, como rey que monta en su cuadriga, para derrotar al diablo que detentaba el poder de la muerte, y librar al género humano de la esclavitud a que la tenía sometido el diablo.

Este madero, en el que el Señor, cual valiente luchador en el combate, fue herido en sus divinas manos, pies y costado, curó las huellas del pecado y las heridas que el pernicioso dragón había infligido a nuestra naturaleza.

Si al principio un madero nos trajo la muerte, ahora otro madero nos da la vida: entonces fuimos seducidos por el árbol, ahora por el árbol ahuyentamos la antigua serpiente. Nuevos e inesperados cambios: en lugar de la muerte, alcanzamos la vida; en lugar del deshonor, la gloria.

No le faltaba, pues, razón al Apóstol para exclamar: "Dios me libre de gloriarme si no es en la cruz de nuestro Señor Jesucristo, en la cual el mundo está crucificado para mí, y yo para el mundo". Pues aquella suprema sabiduría, que, por decir, floreció en la cruz, puso de manifiesto la jactancia y la arrogante estupidez de la sabiduría mundana. El conjunto maravilloso de bienes que provienen de la cruz acabaron con los gérmenes de la malicia y del pecado.

Las figuras y profecías de este leño revelaron, ya desde el principio del mundo, las mayores maravillas. Mira, si no, si tienes deseo de saberlo: ¿Acaso no se salvó Noé de la muerte del diluvio... en un frágil madero?

¿Y qué significó la vara de Moisés? ¿Acaso no fue figura de la cruz?

De la misma manera fue también figura de la cruz la vara de Aarón, florecida en un solo día para atestiguar quién debía ser el sacerdote legítimo.

Y a ella aludió también Abrahán cuando puso sobre el montón de maderos a su hijo Isaac maniatado. Con la cruz sucumbió la muerte, y Adán se vio restituido a la vida. En la cruz se gloriaron todos los apóstoles, en ella se coronaron los mártires y se santificaron los santos. Con la cruz nos revestimos de Cristo y nos despojamos del hombre viejo. Fue la cruz la que nos reunió en un solo rebaño, como ovejas de Cristo, y es la cruz la que nos lleva al aprisco celestial.

Toda la catequesis de S. Teodoro es un razonamiento para hacernos ver que el Antiguo Testamento y el Nuevo se complementan, que no existe contradicción entre ellos. Pero al mismo tiempo marca las diferencias entre aquél y éste.

Para sacar fruto de ella, debemos comprender su lenguaje simbólico: el 'árbol de paraíso' se compara con el 'árbol de la cruz'; la serpiente con el Salvador; el primer paraíso con el segundo y definitivo; Noé, Moisés, Abrahán con Cristo; el viejo Adán con el nuevo…

Los frutos del madero de la Cruz son: curó las huellas del pecado, nos dio la vida y la capacidad de ahuyentar las seducciones de la serpiente (mundo, demonio y carne), de vencer la jactancia y la arrogante estupidez de la sabiduría humana (comparada con la 'suprema sabiduría' evidenciada en la cruz).

Fijémonos en las palabras: "(en) este madero (de la cruz) el Señor, cual valiente luchador en el combate", venció y curó las huellas del pecado que el dragón había infligido a nuestra naturaleza: este es el mensaje de la catequesis. En respuesta a este don ¿qué comportamiento hemos de adoptar cada uno?

21. De la Constitución sobre la Liturgia, nº 5-6

La economía de la salvación

(Apocalipsis 5, 1-14) (T.P. sábado II)

Dios, que quiere que todos los hombres se salven y lleguen al conocimiento de la verdad, en distintas ocasiones y de muchas maneras habló antiguamente a nuestros padres por los profetas, y cuando llegó la plenitud de los tiempos, envió a su Hijo, el Verbo hecho carne, ungido por el Espíritu Santo, para evangelizar a los pobres, y curar a los contritos de corazón, como médico corporal y espiritual, como Mediador entre Dios y los hombres. En efecto, su misma humanidad, unida a la persona del Verbo, fue instrumento de nuestra salvación. Por esto, en Cristo se realizó plenamente nuestra reconciliación y se nos otorgó la plenitud del culto divino.

Esta obra de la redención humana y de la perfecta glorificación de Dios, cuyo preludio habían sido las maravillas divinas llevadas a cabo en el pueblo del Antiguo Testamento, Cristo la realizó principalmente por el misterio pascual de su bienaventurada pasión, resurrección de entre los muertos y gloriosa ascensión.

Por este misterio, muriendo destruyó nuestra muerte, y resucitando restauró la vida. Pues el admirable sacramento de la Iglesia entera brotó del costado de Cristo dormido en la cruz.

Por esta razón, así como Cristo fue enviado por el Padre, él mismo, a su vez, envió a los apóstoles, llenos de Espíritu Santo. No sólo los envió para que al predicar el Evangelio a toda criatura, anunciaran que el Hijo de Dios, con su muerte y resurrección, nos libró del poder de Satanás y de la muerte y nos condujo al reino del Padre, sino también a que realizaran la obra de salvación que proclamaban, mediante el sacrificio y los sacramentos, en torno a los cuales gira toda la vida litúrgica.

Así, por el bautismo, los hombres son injertados en el misterio pascual de Jesucristo: mueren con él, son sepultados con él y resucitan con él, reciben el espíritu de hijos adoptivos que nos hace gritar: "¡Abba!" y se convierten así en los verdaderos adoradores que busca el Padre. Del mismo modo, cuantas veces comen la cena del Señor proclaman su muerte hasta que vuelva.

Por eso precisamente el mismo día de Pentecostés, en que la Iglesia se manifestó al mundo, los que aceptaron las palabras de Pedro se bautizaron. Y eran constantes en escuchar las enseñanzas de los apóstoles, en la vida común, en la fracción del pan y en las oraciones, alabando a Dios, y eran bien vistos de todo el pueblo. Desde entonces la Iglesia nunca ha dejado de reunirse para celebrar el misterio pascual: leyendo lo que se refiere a él en toda la Escritura, celebrando la eucaristía, en la cual se hace de nuevo presente la victoria y el triunfo de su muerte, y dando gracias, al mismo tiempo a Dios, por su don inexpresable en Cristo Jesús, para alabanza de su gloria.

El texto es del Concilio Vaticano II, celebrado en la segunda mitad del siglo XX. El título: 'la economía de la salvación', que significa 'el Plan divino de la salvación'.

La primera afirmación de la Catequesis es muy importante para nosotros: "Dios quiere que todos los hombres se salven y lleguen al conocimiento de la verdad" No tengamos duda. Ello nos lleva a reconocernos y apreciarnos como hermanos. Y a predicar el Evangelio en todos los rincones de la tierra, respetando, como el mismo Jesús hizo, la libertad de respuesta.

Pero no sólo envió a los apóstoles y con ellos nos envía a todos los bautizados, sino también –dice el Concilio-: "a que realizáramos la obra de salvación que proclamamos, mediante el sacrificio y los sacramentos, en torno a los cuales gira toda la vida litúrgica".

El 'sacrificio' es el sacramento de la eucaristía, fuente y cumbre de los otros seis y de toda la actividad de la Iglesia, es decir, de cada uno de nosotros. Sacrificio significa: signo eficaz, signo que realiza lo que significa. Lo mismo que "sacramento".

Y otra anotación importante es que en el lenguaje litúrgico "misterio" no significa lo que en el lenguaje corriente (cosa que no se puede comprender), sino "hecho histórico, real, objetivo, en el que Dios ha intervenido y de él arranca fuerza salvadora para el creyente que lo cree y lo vive consecuentemente: "por el bautismo los hombres son injertados en el misterio pascual de Jesucristo: mueren con él, son sepultados con él y resucitan con él, reciben el espíritu de hijos adoptivos…".

22. De la 1ª Apología de S. Justino, mártir

La celebración de la eucaristía
(Apocalipsis 6, 1-17) (T.P. domingo III)

A nadie es lícito participar de la eucaristía, si no cree que son verdad las cosas que enseñamos y no se ha purificado en aquel baño del Bautismo, que da la remisión de los pecado y la regeneración, y no vive como Cristo nos enseñó.

Porque no tomamos estos alimentos como si fueran un pan común o una bebida ordinaria, sino que, así como Cristo, nuestro salvador, se hizo carne por la Palabra de Dios y tuvo carne y sangre a causa de nuestra salvación, de la misma manera hemos aprendido que el alimento sobre el que fue recitada la acción de gracias que contiene las palabras de Jesús, y con que se alimenta y transforma nuestra carne, es precisamente la carne y la sangre de aquel mismo Jesús que se encarnó. Los apóstoles, en efecto, en sus tratados llamados Evangelios, nos cuentan que así les fue mandado, *cuando Jesús, tomando pan y dando gracias, dijo: "Haced esto en conmemoración mía. Esto es mi cuerpo"; y luego, tomando del mismo modo en sus manos el cáliz, dio gracias y dijo: "Esto es mi sangre", dándoselo a ellos solos. Desde entonces seguimos recordándonos siempre unos a otros estas cosas. Y los que tenemos bienes acudimos en ayuda de los que no los tienen, y permanecemos unidos. Y siempre que presentamos nuestras ofrendas alabamos al Creador de todo por medio de su Hijo Jesucristo y del Espíritu Santo.*

El día llamado del sol se reúnen todos en un lugar, lo mismo los que habitan en la ciudad que los que viven en el campo, y, según conviene, se leen los tratados de los apóstoles o los escritos de los profetas, según el tiempo lo permita.

Luego, cuando el lector termina, el que preside se encarga de amonestar, con palabras de exhortación, a la imitación de cosas tan admirables.

Después nos levantamos todos a la vez y recitamos preces. Y a continuación, como ya dijimos, una vez que concluyen las plegarias, se trae pan, vino y agua: y el que preside pronuncia fervorosamente preces y acciones de gracias, y el pueblo responde "Amén"; tras de lo cual se distribuyen los dones sobre los que se ha pronunciado la acción de gracias, comulgan todos, y los diáconos se encargan de llevárselos a los ausentes.

Los que poseen bienes de fortuna y quieren, cada uno da, a su arbitrio, lo que bien le parece, y lo que se recoge se deposita ante el que preside, que es quien se ocupa de repartirlo entre los huérfanos y las viudas, los que por enfermedad u otra causa cualquiera pasan necesidad, así como a los presos y a los que se hallan de paso como huéspedes. En una palabra, él es quien se encarga de todos los necesitados.

Y nos reunimos todos el día del sol, primero porque este día es el primero de la creación… y también porque es el día en que Jesucristo, nuestro Salvador, resucitó de entre los muertos.

Si esta catequesis la leemos con atención, nos va a resultar muy práctica y nos va a llevar a un profundo examen de cómo vivimos la eucaristía.

Las tres condiciones que anota S. Justino para participar en la eucaristía son: creer en lo que la Iglesia enseña, haber recibido el baño que da la remisión de los pecados (recordemos que el sacramento de la Penitencia fue llamado 'segundo bautismo', porque también perdonaba los pecados) y vivir como Cristo nos enseñó. Hoy día la Iglesia no prohíbe la participación en la eucaristía a quien no vive como Cristo enseña. Con otras palabras: están celebrando la comida eucarística, pero no participan del cuerpo de Cristo, generalmente porque se encuentran en pecado mortal sin confesar, que es lo único que impide acercarse a comulgar.

Muy interesante también es la unión que S. Justino hace entre la eucaristía y la ayuda con los propios bienes a quienes no los tienen. La homilía era una amonestación a imitar lo que nos ha dicho las lecturas. Por último anota: 'comulgan todos' (ahora, desgraciadamente, algunas veces no es así) y da dos razones por las que se celebra el 'día del sol', el domingo (día del Señor).

23. San Beda el Venerable

Raza elegida, sacerdocio real

(Apocalipsis 7, 1-17) (T.P. lunes III)

"Vosotros sois una raza elegida, un sacerdocio real". Este título honorífico fue dado por Moisés en otro tiempo al pueblo de Dios, y ahora con todo derecho Pedro lo aplica a los gentiles, puesto que creyeron en Cristo, el cual, como piedra angular, reunió a todos los pueblos en la salvación que, en un principio, había sido destinada a Israel.

Y "sacerdocio real" porque están unidos al cuerpo de aquel que es rey soberano y verdadero sacerdote, capaz de otorgarles su reino como rey, y de limpiar sus pecados como pontífice con la oblación de su sangre. Los llama "sacerdocio real" para que no se olviden nunca de esperar el reino eterno y de seguir ofreciendo a Dios el holocausto de una vida intachable.

Se les llama también "nación consagrada y pueblo adquirido por Dios", de acuerdo con lo que dice el apóstol Pablo comentando el oráculo del Profeta: "Mi justo vivirá de fe, pero si se arredra, le retiraré mi favor. Pero nosotros, dice,"no somos gente que se arredre para su perdición, sino hombres de fe para salvar el alma". Y en los Hechos de los apóstoles dice:"El Espíritu santo os ha encargado guardar el rebaño, como Pastores de la Iglesia de Dios, que él adquirió con la sangre de su Hijo". Nos hemos convertido, por tanto en "pueblo adquirido por Dios", en virtud de la sangre de nuestro Redentor, como en otro tiempo el pueblo de Israel fue redimido de Egipto por la sangre del cordero.

Por esto, Pedro recuerda en el versículo siguiente el sentido figurativo del antiguo relato, y nos enseña que éste tiene su cumplimiento pleno en el nuevo pueblo de Dios, cuando dice: "Para proclamar sus hazañas"…

La liberación de los hijos de Israel, lo mismo que su marcha hacia la patria prometida, representa también adecuadamente el misterio de nuestra redención. Caminamos hacia la luz de la morada celestial, iluminados y guiados por la gracia de Cristo. Esta luz de la gracia quedó prefigurada también por la nube y la columna de fuego; la misma que los defendió durante todo su viaje, de las tinieblas de la noche, y los condujo, por un sendero inefable, hasta la patria prometida.

En el primer párrafo de la catequesis podemos apreciar lo que hemos dicho en otra anterior sobre el plan de Dios de salvar a todos los hombres, si bien tomó al pueblo judío como germen o inicio, por la limitación de la realidad humana, no por preferencias caprichosas. Hemos de ser comprensivos con la 'impropiedad' del lenguaje humano cuando pretendemos hablar de la realidad divina, que nos supera.

Lo importante es que caigamos en la cuenta de que tanto las expresiones de 'raza elegida', 'sacerdocio real' y 'nación consagrada' o 'pueblo adquirido por Dios' se aplican a todos los creyentes y no sólo a un grupo de ellos, como, p.ej. los sacerdotes o los obispos.

Hay, como todos sabemos, un sacerdocio ministerial, que ha recibido el sacramento del orden, y un sacerdocio de los fieles. Por eso todos podemos ofrecer sacrificios a Dios y participar en la Liturgia. Pero lo importante es que el sacrificio que el Padre espera de todos nosotros es la oblación (ofrecimiento) de toda nuestra vida, como hicieron Jesús y María, los Apóstoles y tantos otros bautizados que vivieron conscientes de que no han venido a este mundo a hacer su voluntad, sino la voluntad del Padre-Hijo-Espíritu.

S. Beda nos recuerda, una vez más, que el Antiguo Testamento fue anuncio, figura (y germen) de lo que tras la venida de Cristo es plena realidad.

24. S. Agustín, obispo

Cantemos al Señor el cántico del amor
(Apocalipsis 8, 1-13) (T.P. martes III)

"Cantad al Señor un cántico nuevo, resuene su alabanza en la asamblea de los fieles". Se nos ha exhortado a cantar al Señor un cántico nuevo. El hombre nuevo conoce el cántico nuevo. Cantar es expresión de alegría y, si nos fijamos más detenidamente, cantar es expresión de amor. De modo que quien ha aprendido a amar la vida nueva sabe cantar el cántico nuevo. Y el cántico nuevo nos hace pensar en lo que es la vida nueva. El hombre nuevo, el cántico nuevo, el Testamento nuevo. Todo pertenece al mismo y único reino. Por esto, el hombre nuevo cantará el cántico nuevo, porque pertenece al Testamento nuevo.

Todo hombre ama, nadie hay que no ame. Pero hay que preguntar qué es lo que ama. No se nos invita a no amar, sino a que elijamos lo que hemos de amar. Pero ¿cómo vamos a elegir, si no somos primero elegidos; y cómo vamos a amar si no nos aman primero? Oíd al apóstol Juan: "nosotros amamos a Dios porque él nos amó primero". Trata de averiguar de dónde le viene al hombre poder amar a Dios, y no encuentra otra razón sino porque Dios le amó primero. Se entregó a sí mismo para que le amáramos y con ello nos dio la posibilidad y el motivo de amarle. Escuchad al apóstol Pablo que nos habla con toda claridad de la raíz de nuestro amor: "el amor de Dios ha sido derramado en nuestros corazones". Y ¿de quién proviene este amor? ¿De nosotros tal vez? Ciertamente no proviene de nosotros. Pues ¿de quién? "Del Espíritu Santo que se nos ha dado".

Por tanto, teniendo una gran confianza, amemos a Dios en virtud del mismo don que Dios nos ha dado. Oíd a Juan que dice más claramente aún: "Dios es amor y quien permanece en el amor permanece en Dios, y Dios en él". No basta con decir: "El amor es de Dios" ¿Quién de nosotros sería capaz de decir: "Dios es amor". Y lo dijo quien sabía lo que se traía entre manos.

Dios se nos ofrece como objeto total y nos dice:"Amadme y me poseeréis, porque no os será posible amarme, si antes no me poseéis"

Hermanos e hijos, oídme: Cantad por mí al Señor un cántico nuevo. "Ya estamos cantando, decís. Cantáis, sí, cantáis. Ya os oigo. Pero procurad que vuestra vida no dé testimonio contra lo que vuestra lengua canta.

*Cantad con vuestra voz, cantad con vuestro corazón, cantad con vuestra boca, **cantad con vuestras costumbres**… La alabanza del canto reside en el mismo cantor. ¿Queréis rendir alabanza a Dios? Sed vosotros mismos el canto que vais a cantar. Vosotros mismos seréis su alabanza, **si vivís santamente**.*

San Agustín apunta al centro de la vida cristiana, en tanto en cuanto nos habla del "hombre nuevo". Aquí está el núcleo: el bautismo nos ha hecho hombres nuevos, pero habremos de concienciar en qué consiste esta realidad. Fundamentalmente en el amor según Cristo. La pena es que circulan tantas nociones de amor entre nosotros, que nos cuesta llegar a interiorizar cómo es el amor que Dios nos ha tenido, nos tiene y nos tendrá.

Aunque solemos afirmar que somos ciudadanos de dos ciudades, para las cuentas definitivas tendríamos que decir mejor que la vida nueva la vivimos en dos etapas distintas: la terrena y la celestial, pero los bautizados ya no tenemos más que una vida, "la nueva". Otra cosa será si la estamos 'usando', viviendo, o la tenemos en la trastera y seguimos con la vieja, la que la biblia llama carnal o mundana. Lo deja claro S. Agustín: "el hombre nuevo, el cántico nuevo, el Testamento nuevo: todo pertenece al mismo y único reino"

Toca también otra tecla básica: amar amamos, pero el problema está en qué es lo que amamos. Y recurre luego a una experiencia de la vida: no nacemos sabiendo amar. Aprendemos al captar cómo nos aman, al sentirnos amados. Claro que sentirnos amados no es suficiente. ¡Cuántos traicionamos a las personas que nos aman! Hay que entrenarse desde muy pequeño en 'el arte de amar', que, como todo arte tiene sus reglas, exige disciplina y constancia, como explica Erick Fromm.

Recurre luego a Juan y Pablo para afirmar que Dios se nos ha entregado y se ha derramado en nuestros corazones (el recipiente y motor de todos lo bueno y malo que la persona es capaz de hacer). Y concluye recordándonos que no se trata de cantar (de vivir) desconectado el cántico de nuestras costumbres (nuestra tarea de cada día), sino que se trata de esto último: **cantar con nuestras costumbres, vivir santamente.** ¡Cómo cambiaría tu vida y la mía, la vida de toda la Iglesia, si cantáramos no sólo con la boca, sino con las costumbres! ¿Lo intentamos otra vez más?

25. De la Apología de S. Justino

El bautismo del nuevo nacimiento
(Apocalipsis 9, 1-12) (T.P. miércoles III)

Vamos a exponer de qué manera, renovados por Cristo, nos hemos consagrado a Dios.

A quienes aceptan y creen que son verdad las cosas que enseñamos y exponemos y prometen vivir de acuerdo con estas enseñanzas, les instruimos para que oren a Dios, con ayunos, y pidan perdón de sus pecados pasados, mientras nosotros, por nuestra parte, oramos y ayunamos también juntamente con ellos.

Luego los conducimos a un lugar donde hay agua, para que sean regenerados del mismo modo que fuimos regeneramos nosotros. Entonces reciben el baño del bautismo en el nombre de Dios, Padre y Soberano del universo, y de nuestro Salvador Jesucristo y del Espíritu Santo.

Pues Cristo dijo: "El que no nazca de nuevo, no podrá entrar en el reino de los cielos". Ahora bien, es evidente para todos, que no es posible, una vez nacidos, volver a entrar en el seno de nuestras madres.

También el profeta Isaías nos dice de qué modo pueden librarse de sus pecados quienes pecaron y quieren convertirse: "Lavaos, purificaos, apartad de mi vista vuestras malas acciones. Cesad de obrar mal, aprended a obrar bien; buscad el derecho, enderezad al oprimido, defended al huérfano, proteged a la viuda. Entonces venid y litigaremos, dice el Señor. Aunque vuestros pecados sean como púrpura, blanquearán como nieve; aunque sean rojos como escarlata, quedarán como lana. Si sabéis obedecer, lo sabroso de la tierra comeréis; si rehusáis y os rebeláis, la espada os comerá. Lo ha dicho el Señor"

Los apóstoles nos explican la razón de todo esto. En nuestra primera generación, fuimos engendrados de un modo inconsciente por nuestra parte, y por una ley natural y necesaria, por la acción del germen paterno en la unión de nuestros padres, y sufrimos la influencia de costumbres malas y de una instrucción desviada. Pero, para que tengamos también un nacimiento, no ya fruto de la necesidad natural e inconsciente, sino de nuestra libre y consciente elección, y lleguemos a obtener el perdón de nuestros pecados pasados, se pronuncia, sobre quienes desean ser regenerados y se convierten de sus pecados, mientras están en el agua, el nombre de Dios, Padre y Soberano del universo, único nombre que invoca el ministro cuando introduce en el agua al que va a ser bautizado.

Nadie, en efecto, es capaz de poner nombre al Dios inefable, y si alguien se atreve a decir que hay un nombre que expresa lo que es Dios es que está rematadamente loco.

A este baño lo llamamos "iluminación" para dar a entender que los que son iniciados en esta doctrina quedan iluminados.

También se invoca sobre el que ha de ser iluminado el nombre de Jesucristo, que fue crucificado bajo Poncio Pilato, y el nombre del Espíritu Santo que, por medio de los profetas, anunció de antemano todo lo que se refiere a Jesús.

Pocas veces habremos oído esto que se nos dice aquí sobre el bautismo, porque no fuimos preparados para recibir semejante sacramento, por ser bautizados al poco de nacer; y porque la cultura en la que hemos crecido no lo ha valorado generalmente. Fíjate cómo complementa esta catequesis de S. Justino la anterior de S. Agustín. 'Re-novar' significa hacer de nuevo y 'con-sagrar' significa "hacer sagrado" aquello que se consagra. Apartarlo del uso profano y quedar dedicado a Dios. ¡Qué importante es que interiorizáramos estas dos realidades!

En la primitiva Iglesia los que iban a recibir el bautismo pasaban un Catecumenado en el que eran instruidos para orar a Dios con ayunos y pidieran perdón por sus pecados. El ayuno es mucho más que comer poco un día (como nos decían en la catequesis anterior sobre el canto), el 'ayuno nuevo' consiste según Isaías en: cesar de obrar mal, aprender a obrar bien, buscar el derecho… La cita que S. Justino nos ha presentado termina así: "si sabéis obedecer, lo sabroso de la tierra comeréis".

Quizás nos falte todavía un poquito para aceptar que la obediencia a Dios, nuestro Señor, no es signo de esclavitud. Podríamos decir que no es tampoco un sacrificio. Es, como todo en la vida, algo que se convierte en fácil si nos mueve a ello el amor y el deseo verdadero. Donde hay amor, todo se vuelve fácil. PERO en nuestros primeros años (y en los siguientes) sufrimos la influencia de costumbres malas y de una instrucción desviada, nos recuerda S. Justino. Claro que también nos recuerda que sobre nosotros fue pronunciado, en el bautismo, el Nombre del Padre, del Hijo y del Espíritu Santo, expresión que viene a significar que recibimos el poder omnipotente de Dios para liberarnos de las malas costumbres y la deficiente instrucción que podamos tener. Créelo y lo experimentarás.

26. Del tratado de S. Ireneo, contra las herejías

La eucaristía, arras de la resurrección

(Apocalipsis 9, 13-21) (T.P. jueves III)

Si la carne no se salva, entonces el Señor no nos ha redimido con su sangre, ni el cáliz de la eucaristía es participación de su cuerpo. Porque la sangre procede de las venas y de toda la substancia humana, de aquella substancia que asumió el Verbo de Dios en toda su realidad y por la que nos pudo redimir con su sangre, como dice el Apóstol: "Por su sangre hemos recibido la redención, el perdón de los pecados".

Y porque somos sus miembros y quiere que la creación nos alimente, nos brinda sus criaturas, haciendo salir el sol y dándonos la lluvia según le place. Y también porque nos quiere miembros suyos, aseguró el Señor que el cáliz, que proviene de la creación material, es su sangre derramada, con la que enriquece nuestra sangre, y que el pan, que también proviene de esta creación, es su cuerpo, que enriquece nuestro cuerpo.

Cuando la copa de vino, mezclado con agua, y el pan preparado por el hombre reciben la Palabra, se convierten en la eucaristía de la sangre y del cuerpo de Cristo, y con ella se sostiene y se vigoriza la substancia de nuestra carne, ¿cómo pueden, pues, los herejes pretender que la carne es incapaz de recibir el don de Dios, que consiste en la vida eterna, si esta carne se nutre con la sangre y el cuerpo del Señor y llega a ser parte del mismo cuerpo?

Por ello bien dice el Apóstol en su carta a los Efesios: "Somos miembros de su cuerpo, hueso de sus huesos y carne de su carne". Y esto lo afirma no de un hombre invisible y mero espíritu —pues "un espíritu no tiene carne ni huesos"-, sino de un organismo auténticamente humano, hecho de carne, nervios y huesos. Pues es este organismo el que se nutre con la copa, que es la sangre de Cristo, y se fortalece con el pan, que es su cuerpo.

Del mismo modo que el esqueje de la vid, depositado en tierra, fructifica a su tiempo, y el grano de trigo, que cae en tierra y muere, se multiplica pujante por la eficacia del Espíritu de Dios que sostiene todas las cosas, y así estas criaturas, trabajadas con destreza, se ponen al servicio del hombre, y después, cuando sobre ellas se pronuncia la Palabra de Dios, se convierten en la eucaristía, es decir, en el cuerpo y la sangre de Cristo. De la misma forma, nuestros cuerpos, nutridos con esta eucaristía y depositados en tierra, y desintegrados en ella, resucitarán a su tiempo, cuando la Palabra de Dios les otorgue de nuevo la vida para la gloria de Dios Padre. Él es, pues, quien envuelve a los mortales en su inmortalidad y otorga gratuitamente la incorrupción a lo corruptible, porque la fuerza de Dios se realiza en la debilidad. (Yo soy el pan de la vida. Vuestros padres comieron en el desierto el maná y murieron. Este es el pan que baja del cielo, para que el hombre coma de él y no muera: Jn 6, 48-52)

"Arras" significa lo que se da en un contrato como prenda. Dios tiene hecho un contrato con cada individuo y se da él mismo como 'arra'/prenda/adelanto/garantía de esa "alianza nueva y eterna", según dijo en la institución de la eucaristía y repetimos cada vez al consagrar el cáliz.

El título de esta catequesis es: "la eucaristía, arras de la resurrección", es decir: prenda de nuestra resurrección. O dicho de otro modo: que cada vez que celebramos conscientemente la eucaristía hacemos una incursión en la resurrección, con ese Cristo resucitado que recibimos en la Palabra y en su cuerpo. Motivo mucho más fuerte que el miedo a cometer un pecado mortal, si faltamos sin causa suficiente a la celebración de un domingo.

El argumento que expresa S. Ireneo tiene lógica: si comulgamos (común-unión) la carne de Cristo (y en ella su sangre, el Cristo pleno), que está ya resucitado "¿cómo pueden los herejes afirmar que nuestra carne es incapaz de recibir el don de Dios –que consiste en la Vida Eterna--, si nuestra carne se nutre con la sangre y el cuerpo del Señor, y llega a ser parte del mismo cuerpo total de Cristo?

Y refuerza su argumento con el símil del esqueje de la vid: "del mismo modo que el esqueje de la vid, depositado en tierra, fructifica a su tiempo (se convierte en una vid que produce uvas); y el grano de trigo que cae en tierra y muere, se multiplica pujante por la eficacia del Espíritu de Dios que sostiene todas las cosas, y así estas criaturas (el vino y el pan) trabajadas con destreza se ponen al servicio del hombre, y después, cuando sobre ellas se pronuncia la Palabra de Dios, se convierten en la eucaristía, es decir, en el cuerpo y la sangre de Cristo. De la misma forma nuestros cuerpos, nutridos con esta eucaristía y depositados en tierra, y desintegrados en ella, resucitarán a su tiempo, cuando la Palabra de Dios les otorgue de nuevo la vida para la gloria de Dios Padre. Él es, pues, quien envuelve a los mortales con su inmortalidad y otorga gratuitamente la incorrupción a lo corruptible, porque la fuerza de Dios se realiza en la debilidad".

27. De los sermones de S. Efrén, diácono

La cruz de Cristo, salvación del género humano
(Apocalipsis 10, 1-11) (T.P. viernes III)

Nuestro Señor Jesucristo fue conculcado por la muerte, pero él, a su vez venció la muerte, pasando por ella como si fuera un camino. Se sometió a la muerte y la soportó deliberadamente para acabar con la obstinación de ella.

La muerte le mató gracias al cuerpo que tenía; pero él, con las mismas armas, triunfó sobre ella. La divinidad se ocultó bajo los velos de la humanidad. Sólo así pudo acercarse a la muerte, y la muerte le mató... destruyó su vida natural, pero luego la muerte fue destruida, a su vez, por la vida sobrenatural... Así una vez que hubo asumido el cuerpo, penetró en el reino de la muerte, destruyó sus riquezas y desbarató sus tesoros.

Porque la muerte llegó hasta Eva, la madre de todos los vivientes. Eva era la viña, pero la muerte abrió una brecha en su cerco, valiéndose de las mismas manos de Eva. Y Eva gustó el fruto de la muerte, por lo cual la que era madre de todos los vivientes se convirtió en fuente de muerte para todos ellos.

Pero luego apareció MARÍA, la nueva vid que reemplaza a la antigua. En ella habitó Cristo, la nueva Vida. La muerte, según su costumbre, fue en busca de su alimento y no advirtió que, en el fruto mortal, estaba escondida la Vida, destructora de la muerte. Por ello mordió sin temor el fruto, pero entonces liberó a la vida, y a muchos juntamente con ella.

El admirable hijo del carpintero llevó su cruz a las moradas de la muerte, que todo lo devoraban, y condujo así a todo el género humano a la mansión de la vida. Y la humanidad entera, que a causa de un árbol había sido precipitada en el abismo inferior, por otro árbol, el de la cruz, alcanzó la mansión de la vida. En el árbol, pues, en que había sido injertado un esqueje de muerte amarga, se injertó luego otro de vida feliz, para que confesemos que Cristo es Señor de toda la creación.

¡A ti la gloria, a ti que con tu cruz elevaste un puente sobre la misma muerte, para que las personas pudieran pasar por él desde la región de la muerte a la región de la vida! ¡A ti la gloria, a ti que asumiste un cuerpo mortal e hiciste de él fuente de vida para todos los mortales! Tú vives para siempre; los que te dieron muerte se comportaron como los agricultores: enterraron la vida en el sepulcro, como el grano de trigo se entierra en el surco, para que luego brotara y resucitara llevando consigo a otros muchos.

¡Venid, hagamos de nuestro amor una ofrenda grande y universal!

S. Efrén recurre a la metáfora de los capítulos iniciales del Génesis, primer libro de la Biblia, que explica la creación del universo y del hombre como su rey y encargado de desarrollarlo. Toda la humanidad tiene origen en Adán y Eva. Ésta es carne y compañera de aquél. La caída de la humanidad viene presentada como un acto de desobediencia a las órdenes de Dios, si bien en él se puede apreciar –como apuntan algunos especialistas- querer ser como Dios, el gusto por lo desconocido, obedecer a la serpiente antes que a Dios (idolatría)…

Las dramáticas consecuencias del cambio en la vida de los humanos se pueden valorar a la luz de lo que el Dios hecho carne vivió. No podemos quedarnos exclusivamente en el dato de la pasión, coronada por la muerte en la cruz. Es toda la vida de Cristo, desde su descenso a la tierra, sus años de anonimato, el rechazo frontal de 'los suyos', los oficialmente encargados de transmitir su mensaje de amor, los conocedores del anuncio, las humillaciones repetidas, etc.

Cristo, al hacerse realmente hombre, en todo semejante a nosotros… menos en el pecado… gozó de una libertad como la nuestra y 'sufrió' unas tentaciones como las nuestras. No pensemos en su divinidad como coartada que los hombres nos buscamos, para no imitarle, a la hora de la capacidad y a la hora de la debilidad. Porque lo que hemos de tener bien claro y presente permanentemente es que todo esto que supuso su encarnación no tenía como objetivo alcanzar él 'gloria', ser admirado por nosotros, sino el único objetivo de "ser imitado por nosotros en nuestras circunstancias personales externamente distintas a las suyas, en nuestras circunstancias socio-culturales distintas… pero no tan distintas en las actitudes, el nivel profundo de la persona.

28. De un Comentario de S. Cirilo de Alejandría, obispo

Cristo entregó su cuerpo para la vida de todos
(Apocalipsis 11, 1-19) (T.P. sábado III)

"Por todos muero —dice el Señor--, para vivificarlos a todos y redimir con mi carne la carne de todos. En mi muerte morirá la muerte y conmigo resucitará la naturaleza humana de la postración en que había caído. Con esta finalidad me he hecho semejante a vosotros y he querido nacer de la descendencia de Abrahán para asemejarme en todo a mis hermanos"

S. Pablo, al comprender esto, dijo: "Los hijos de una misma familia son todos de la misma carne y sangre, y de nuestra carne y sangre participa también él; así, muriendo aniquiló al que tenía el poder de la muerte, es decir, al diablo"

Si Cristo no se hubiera entregado por nosotros a la muerte, él solo por la redención de todos, nunca hubiera podido ser destituido el que tenía el poder de la muerte, ni hubiera sido posible destruir la muerte, pues él es el único que está por encima de todos.

Por eso se aplica a Cristo aquello que se dice en un lugar del libro de los salmos donde Cristo aparece ofreciéndose por nosotros a Dios Padre: "Tú no quieres sacrifico ni ofrendas, y en cambio me abriste el oído; no pides sacrificio expiatorio, entonces yo dije: 'Aquí estoy".

Cristo fue, pues, crucificado por todos nosotros, para que, habiendo muerto uno por todos, tengamos vida en él. Era, en efecto, imposible que la vida muriera o fuera sometida a la corrupción natural. Que Cristo ofreciese su carne por la vida del mundo es algo que deducimos de sus mismas palabras: "¡Padre santo, dijo, guárdalos". Y luego añadió: "Por ellos me consagro yo".

Cuando dice 'consagro' debe entenderse en el sentido de "me dedico a Dios"! Y "me ofrezco como hostia inmaculada en olor de suavidad". Pues según la ley se consagraba o llamaba sagrado lo que se ofrecía sobre el altar.

Así Cristo entregó su cuerpo por la vida de todos y a todos nos devolvió la vida. De qué modo lo realizó, intentaré explicarlo, si puedo.

Una vez que la Palabra vivificante hubo tomado carne, restituyó a la carne su propio bien, es decir, le devolvió la vida y, uniéndose a la carne con una unión inefable, la vivificó, dándole parte en su propia vida divina.

Por ello podemos decir que el cuerpo de Cristo da vida a los que participan de él.

No pensemos, al leer esta catequesis, que S. Cirilo está hablando sólo a los cristianos. Cristo ha muerto por todas las personas, creyentes y no creyentes, miembros de una religión o de otra. El Dios trinitario nos creó a todos, nos redimió a todos y nos dio la libertad para responder a su amor o no. Claro que esta respuesta, por las circunstancias de la vida, puede darse en una Religión u otra. Entendámoslo bien: lo importante para él no es los ritos que dentro de su Iglesia, nuestra madre la Iglesia Católica (adjetivo que significa "universal", abierta a todos los que quieran entrar) se hagan. Todas esas personas que por lo que sea no han creído en la Iglesia católica y están de limpio corazón en otra asociación van a salvarse. Él no juzga por las apariencias, sino que busca un profundo corazón, que es consecuente con lo que de verdad cree. Por eso nos vamos a llevar más de una sorpresa en el reino de los cielos, como ya nos anunció Jesús.

Aunque parezca raro, hay personas a las que "la religiosidad", convertida en rito muerto, les va a cerrar las puertas. Por eso S. Cirilo retoma esa Palabra de Dios que tanto nos cuesta aceptar: *"Tú no quieres sacrificios ni ofrendas, y en cambio me abriste el oído; no pides sacrificio expiatorio, entonces yo dije: Aquí estoy".* Y es que 'escuchar y poner en práctica' lo que Dios dice es más difícil que pretender acallar a Dios o pretender ganármelo con un sacrificio o una ofrenda, pero sin llegar a **ofrecerme**: Aquí estoy entero (siempre y en todo lugar).

Como hablar de quién se salvará y quién no carece de sentido, porque ya el mismo Jesús nos ha dicho los requisitos, lo que sí podemos afirmar con seguridad es que quien no vive profundamente en contacto con él, se pierde –aquí en la tierra—toda la riqueza de la libertad y el gozo de los verdaderos hijos de Dios.

29. De las homilías de S. Gregorio Magno, papa

Cristo, el buen Pastor

(Apocalipsis 12, 1-18) (T.P. domingo IV)

"Yo soy en buen Pastor, que conozco a mis ovejas—es decir, que las amo--, y las mías me conocen". Habla, pues, como si quisiera dar a entender a las claras: "los que me aman vienen tras de mí". Pues el que no ama la verdad es que no la ha conocido todavía… Mirad si sois en verdad sus ovejas, si le conocéis, si habéis alcanzado la luz de su verdad. Si le conocéis –digo—no sólo por la fe, sino también por el amor; no sólo por la credulidad, sino también por vuestras obras. Porque el mismo Juan Evangelista, que nos dice lo que acabamos de leer, añade también: "quien dice 'yo le conozco' y no guarda sus mandamientos, es un mentiroso"…

Y el Señor en el texto que comentamos, después de afirmar que el Padre le conoce y él conoce al Padre, nos dice: la prueba de que conozco al Padre y el Padre me conoce a mí está en que entrego mi vida por las ovejas; es decir: en la caridad con que muero por mis ovejas, pongo de manifiesto mi amor al Padre.

Y de nuevo vuelve a referirse a sus ovejas diciendo:… "quien entre por mí se salvará, y podrá entrar y salir, y encontrará pastos". O sea, tendrá acceso a la fe, y podrá pasar luego de la fe a la visión, de la credulidad a la contemplación y encontrará pastos en el eterno descanso.

Sus ovejas encuentran pastos, porque quienquiera que siga al Señor con corazón sencillo se nutrirá con un alimento de eterno verdor. ¿Cuáles son, en efecto, los pastos de estas ovejas, sino los gozos eternos de un paraíso inmarchitable? Los pastos de los elegidos son la visión del rostro de Dios, con cuya plena visión la mente se sacia eternamente.

Busquemos, por tanto, hermanos, estos pastos, en los que podremos disfrutar en compañía de tan gran asamblea de santos (Recuerda que "santos" era el nombre que en el A. y N. Testamento se daba a los fieles).

El mismo aire festivo de los que ya se alegran allí nos invita. Levantemos, por tanto, nuestros ánimos, hermanos; vuelva a enfervorizarse nuestra fe, ardan nuestros anhelos por las cosas del cielo, porque amar de esta forma ya es ponerse en camino.

Que ninguna adversidad pueda alejarnos del júbilo de la solemnidad interior, puesto que, cuando alguien desea de verdad ir a un lugar, las asperezas del camino, cualesquiera que sean, no pueden impedírselo.

Que tampoco ninguna prosperidad, por sugestiva que sea, nos seduzca, pues no deja de ser estúpido el caminante que ante el espectáculo de una campiña atractiva en medio de su viaje, se olvida de la meta a la que se dirigía.

Con este fondo bucólico, la catequesis de S. Gregorio nos alerta sobre los riesgos que corren los pastores (sacerdotes) y las ovejas (nosotros). Es necesario, antes de proseguir, recordar que en la Biblia el verbo "conocer" significa "amar". Cosa que no debe extrañarnos si experimentamos que en la vida diaria el amor potencia la capacidad de conocer al amado/a. Y el conocimiento profundo lleva al amor.

"Quien dice yo le conozco y no guarda sus mandamientos es un mentiroso". He aquí el primer riesgo: reducir el amor a Cristo al puro conocimiento de su doctrina, como si la fe se redujera al puro conocimiento intelectual de la Palabra de Dios o de la doctrina que la Iglesia ha ido deduciendo de esta Palabra. Vendría a ser como el que lee todos los escritos de un autor, pero ni lo conoce en persona, ni le ha hablado nunca, ni está dispuesto a poner en práctica lo que ese autor ha escrito.

El segundo riesgo es no entregar la vida por el pastor o mejor dicho, en este caso no por el pastor, que no necesita nada de nosotros, sino por sus ovejas. Recordemos eso de "lo que hagáis a uno de estos, a mí me lo habéis hecho".

Otro riesgo es reducir las 'sugerencias' de Jesús a los diez mandamientos –pretensión, por otra parte imposible—sin practicar la humildad, la paciencia, la fe, la esperanza, el amor, la constancia, la intimidad, la transparencia, la solidaridad…

S. Gregorio nos llama a levantar nuestros ánimos, enfervorizar nuestra fe y anhelos ardientes por las cosas del cielo, "porque amar de esta forma ya es ponerse en camino". No le gusta a nuestro Dios la tibieza, la entrega ritual, la donación a medias… ¡Que ninguna adversidad ni prosperidad nos seduzca!

30. Del libro de San Basilio Magno sobre el E.S.

El Espíritu, dador de vida

(Apocalipsis 13, 1-18) (T.P. lunes IV)

El Señor, que nos da la vida, estableció con nosotros la institución del bautismo, en el que hay un símbolo y principio de muerte y de vida: la imagen de la muerte nos la proporciona el agua, la prenda de la vida nos la ofrece el Espíritu.

En el bautismo se proponen como dos fines, a saber, la abolición del cuerpo de pecado, a fin de que no fructifique para la muerte, y la vida del Espíritu, para que abunden los frutos de santificación. El agua representa la muerte, haciendo como si acogiera el cuerpo en el sepulcro, mientras que el Espíritu es el que da la fuerza vivificante, haciendo pasar nuestras almas renovadas de la muerte del pecado a la vida primera.

Esto es, pues, lo que significa nacer de nuevo del agua y del Espíritu: puesto que en el agua se lleva a cabo la muerte, y el Espíritu crea la nueva vida nuestra. Por eso precisamente el gran misterio del bautismo se efectúa mediante tres inmersiones y otras tantas invocaciones, con el fin de expresar la figura de la muerte, y para que los que son bautizados queden iluminados con la infusión de la luz divina (el Espíritu).

Porque la gracia que se da por el agua no proviene de la naturaleza del agua, sino de la presencia del Espíritu, pues el bautismo no consiste solo en limpiar una suciedad, sino en impetrar de Dios una conciencia pura en adelante.

Por el Espíritu Santo se nos concede de nuevo entrar en el paraíso, la posesión del reino de los cielos, la recuperación de la adopción de hijos: se nos da la confianza de invocar a Dios como Padre, la participación de la gracia de Cristo, el podernos llamar hijos de la luz, el compartir la gloria eterna, y, para decirlo todo de una sola vez, el poseer la plenitud de las bendiciones divinas, así en este mundo como en el futuro; pues al esperar por la fe los bienes prometidos, contemplamos ya, como en un espejo y como si estuvieran presentes, los bienes de que disfrutaremos.

Y si tal es el anticipo, ¿cuál no será la realidad? Y, si tan grandes son las primicias, ¿cuál no será la plena realización?

De nuevo nos encontramos con el Bautismo, el sacramento-base. Y tenemos que examinar ampliamente nuestra vivencia de este 'misterio', este hecho objetivo que ha cambiado radicalmente nuestra vida. Comienza S. Basilio recordándonos sus dos fines: la muerte al pecado ('abolición del cuerpo del pecado') y la vida nueva ('la vida del Espíritu'). Ambas cosas, ciertamente, no serán realidad sin nuestro esfuerzo, sin nuestra colaboración. Esto es lo que parece que no tenemos claro algunos bautizados: no luchamos con todas nuestras fuerzas contra el pecado y no desarrollamos suficientemente esa semilla de vida nueva que hemos recibido.

Recordemos, una vez más, que el bautismo se practicó en la Iglesia primitiva con una triple inmersión; y a los adultos. Nosotros, al recibirlo inconscientemente quedamos a merced de nuestros padres, padrinos y primeros catequistas, que, lógicamente, no siempre aciertan en su tarea. Ese "impetrar (solicitar una cosa con ahínco) de Dios una conciencia pura en adelante" nos ha faltado.

Pero como nunca es tarde, si la dicha es grande, ahondemos en los beneficios que S. Basilio apunta en esta catequesis, para llegar a enamorarnos de lo que Dios nos ha concedido y vivirlo por encima de todas las dificultades que puedan presentársenos: por el bautismo recuperamos la adopción de hijos del Padre, ya aquí y ahora; entramos en el reino de los cielos, la familia de los hijos de Dios (en sentido estricto, si bien también los no-bautizados son hijos del Padre, redimidos, y tienen un lugar reservado en el cielo). Cuando alguna persona se escandaliza de esto, me gusta ponerle el ejemplo de los que van a visitar una ciudad con guía y sin guía; disfrutarán más y verán todo lo interesante los acompañados por un buen guía ¿no?; pero no podemos cerrar la posibilidad de que algunos de los que va sin guía también logren una visita gozosa… aunque con más esfuerzo y tiempo ¿verdad?

31. De los sermones de S. Pedro Crisólogo, obispo

Sé tú mismo el sacrificio y el sacerdote de Dios
(Apocalipsis 14, 1-13) (T.P. martes IV)

Escuchemos cómo nos suplica el Señor: "Mirad y contemplad en mí vuestro mismo cuerpo, vuestros miembros, vuestras entrañas, vuestros huesos, vuestra sangre. Y si ante lo que es propio de Dios teméis, ¿por qué no amáis al contemplar lo que es de vuestra misma naturaleza? Si teméis a Dios como Señor, ¿por qué no acudís a él como Padre?

Pero quizás sea la inmensidad de mi pasión, cuyos responsables fuisteis vosotros, lo que os confunde. No temáis. Esta cruz no es mi aguijón, sino el aguijón de la muerte. Estos clavos no me infligen dolor, lo que hacen es acrecentar en mí el amor por vosotros. Estas llagas no provocan mis gemidos, lo que hacen es introduciros más en mis entrañas. Mi cuerpo al ser extendido en la cruz os acoge con un seno más dilatado, pero no aumenta mi sufrimiento. Mi sangre no es para mí una pérdida, sino el pago de vuestro precio.

Venid, pues, retornad y comprobaréis que soy un padre, que devuelvo bien por mal, amor por injurias, inmensa caridad como paga de las muchas heridas".

Pero escuchemos también lo que nos dice el Apóstol: "Os exhorto —dice— a presentar vuestros cuerpos (vuestra vida entera)". Al rogar así, el Apóstol eleva a todos los hombres a la dignidad del sacerdocio: "presentar vuestros cuerpos como hostia viva"

¡Oh inaudita riqueza del sacerdocio cristiano: el hombre es, a la vez, sacerdote y víctima. El cristiano ya no tiene que buscar fuera de sí la ofrenda que debe inmolar a Dios: lleva consigo y en sí mismo lo que va a inmolar a Dios. Tanto la víctima como el sacerdote permanecen intactos: la víctima sacrificada sigue viviendo, y el sacerdote que presenta el sacrificio no podría matar esta víctima.

Misterioso sacrificio en que el cuerpo es ofrecido sin inmolación del cuerpo, y la sangre se ofrece sin derramamiento de sangre. "Os exhorto, por la misericordia de Dios —dice el Apóstol-, a presentar vuestros cuerpos como hostia viva (El cuerpo significa aquí toda nuestra realidad humana).

Este sacrificio, hermanos, es como una imagen del de Cristo, que, permaneciendo vivo, inmoló su cuerpo por la vida del mundo: él hizo, efectivamente, de su cuerpo "una hostia viva", porque a pesar de haber sido muerto, continúa viviendo. En un sacrificio como éste, la muerte tuvo su parte, pero la víctima permaneció viva. La muerte resultó castigada, la víctima, en cambio, no perdió la vida…

Hombre, procura, pues, ser tú mismo el sacrificio y el sacerdote de Dios. No desprecies lo que el poder de Dios te ha dado y concedido. Revístete con la túnica de la santidad, que la castidad sea tu ceñidor, que Cristo sea el casco de tu cabeza, que la cruz defienda tu frente, que en tu pecho more el conocimiento de los misterios de Dios, que tu oración arda continuamente, como perfume de incienso: toma en tus manos la espada del Espíritu: haz de tu corazón un altar, y así, afianzado en Dios, presenta tu cuerpo (todo tu ser) al Señor como sacrificio.

*Dios te pide la fe, no desea tu muerte. Tiene sed de tu entrega, no de tu sangre. Se aplaca **no** con tu muerte, **sino** con tu buena voluntad.*

Para sacar provecho de esta interesantísima y profunda catequesis hemos de tener en cuenta varias cosas: primera, la diferencia entre temor (del malo) y amor; Dios no quiere ser temido, sino imitado. Para eso se hizo 'uno de nosotros'; y lo que empuja a corresponderle nunca es el miedo, sino el sentirse amado por él. La figura de padre que cada uno ha vivido, va a condicionar bastante la idea que se haga de Dios-Padre. Si tú te has sentido profundamente amado por tu padre, cuando te has portado bien y cuando no lo has hecho así, tendrás fuerza para amarlo con locura. Este es nuestro problema en el campo de la fe. Necesitamos dejarnos amar por Dios, pese a nuestros pecados, experimentar (no digo 'saber') su amor, que no se puede comprar porque es gratuito, don, gracia.

Segunda cosa a tener en cuenta: S. Pedro Crisólogo se dirige aquí a todos los fieles. No pienses que está hablando a los sacerdotes, porque todo bautizado es sacerdote (sí, pero distinto del que ha recibido el sacramento del sacerdocio). El sacerdocio de los fieles (seglares se les llamaba antes y ahora 'laicos') puede ofrecer a Dios oraciones y 'sacrificios'. Pero lo que subraya la catequesis es que el sacrificio más agradable, el que más gusta al Señor, es el de la propia vida, vivida en sintonía con su Palabra y su ejemplo. Que no nos quedemos en oraciones vocales y alguna que otra visita al Santísimo, sino que, como él gastemos nuestra vida en el servicio al prójimo, a ese que se aproxima a nosotros con una necesidad. ¡Y son tántas las necesidades de nuestros próximos!

Y tercera: no centremos nuestra admiración en la pasión de Cristo (condenado a muerte siendo inocente, azotado, coronado de espinas, cargado con la cruz, clavado su cuerpo entre dos ladrones), porque todo esto casi seguro que no lo vamos a pasar literalmente ninguno de nosotros. Sino admiremos e imitemos las actitudes de toda su vida: humildad, paciencia, capacidad de perdonar, misericordia, compasión (padecer con quien padece), etc, etc

32. Del tratado de S. Hilario, obispo, sobre la Trinidad

La encarnación del Verbo y la eucaristía nos hacen partícipes de la naturaleza divina

(Apocalipsis 14,14 a 15,4) (T.P. miércoles IV)

Si es verdad que "la Palabra se hizo carne" y que nosotros, en la cena del Señor, comemos esta Palabra hecha carne, ¿cómo no será verdad que habita en nosotros con su naturaleza aquel que, por una parte, al nacer como hombre, asumió la naturaleza humana como inseparable de la suya, y, por otra, unió esta misma naturaleza a su naturaleza eterna en el sacramento en que nos dio su carne? Por eso todos nosotros llegamos a ser uno, porque el Padre está en Cristo y Cristo está en nosotros. Por ello, si Cristo está en nosotros y nosotros estamos en él, todo lo nuestro está con Cristo en Dios.

Hasta qué punto estamos nosotros en él por el sacramento de la comunión de su carne y de su sangre, nos lo atestigua él mismo al decir: "El mundo no me verá pero vosotros me veréis, porque yo sigo viviendo. Porque yo estoy con mi Padre, y vosotros conmigo, y yo con vosotros". Si hubiera querido que esto se entendiera solamente de la unidad de la voluntad, ¿por qué señaló una especie de gradación y de orden en la realización de esta unidad? Lo hizo, sin duda, para que creyéramos que él está en el Padre por su naturaleza divina, mientras que nosotros estamos en él por su nacimiento humano y él está en nosotros por la celebración del sacramento: así se manifiesta la perfecta unidad realizada por el Mediador, porque nosotros habitamos en él y él habita en el Padre y, permaneciendo en el Padre, habita también en nosotros.

Así es como vamos avanzando hacia la unidad con el Padre, pues en virtud de la naturaleza divina, Cristo está en el Padre y, en virtud de la naturaleza humana, nosotros estamos en Cristo y Cristo está en nosotros.

El mismo Señor habla de lo natural que es en nosotros esta unidad cuando afirma: "El que come mi carne y bebe mi sangre habita en mí, y yo en él". Nadie podrá, pues, habitar en él, sino aquel en quien él haya habitado, es decir, Cristo asumirá solamente la carne de quien haya comido la suya.

Ya con anterioridad el mismo Señor había hablado del misterio de esta perfecta unidad al decir: "El Padre que vive me ha enviado, y yo vivo por el Padre. Del mismo modo, el que me come vivirá por mí". Cristo vive, pues, por el Padre, y, de la misma manera que él vive por el Padre, nosotros vivimos por su carne.

Toda comparación trata de dar a entender algo, procurando que el ejemplo propuesto ayude a la comprensión de la cuestión. Aquí, por tanto, trata el Señor de hacernos comprender que la causa de nuestra vida está en que Cristo, por su carne, habita en nosotros, seres carnales, para que por él nosotros lleguemos a vivir de modo semejante a como él vive por el Padre.

El título de la catequesis es una síntesis perfecta: dos son las realidades por las que tú y yo estamos ya participando de la naturaleza divina. Con los dicho se aprecia la importancia de "saber" (conocer sabrosa, gustosamente) estas cosas, 'no quedar como antes de habernos enterado de ellas'. Dicho con otras palabras: lo necesario que es interiorizar, profundizar, re-cordar (conservar en el corazón, no en la cabeza) unas cuantas ideas básicas. ¿Verdad que si tuviéramos más presente esto que nos dice el título nuestra vida sería bastante distinta? ¡Pues, ánimo!

Nosotros poseemos a Dios en nuestro ser desde el bautismo, porque el Espíritu Santo es Dios como el Padre y el Hijo. Y cuando comulgamos, es decir cuando participamos íntegramente en la "cena del Señor", (y no nos limitamos a ver comulgar a los otros), "habita en nosotros Aquel que asumió la naturaleza humana como inseparable de la suya y, por otra parte, unió esta misma naturaleza humana a su naturaleza eterna en el sacramento eucarístico en el que nos da su carne" ¿Lo pensamos cuando celebramos la eucaristía o estamos preocupados por mil otros detalles insignificantes? ¡Otra cosa que podemos ir corrigiendo!

S. Hilario nos dice más: deberíamos ir avanzando hacia la unidad con el Padre, pues nosotros estamos en Cristo y Cristo está en el Padre: *El que come mi carne y bebe mi sangre habita en mí, y yo en él.* Esto es lo que nuestra cabeza nos dice, pero recordemos que Dios tiene caminos que no son nuestros caminos.

33. De los tratados de S. Agustín sobre el ev. de Juan

El mandamiento nuevo
(Apocalipsis 15,5 a 16,21) (T.P. jueves IV)

El Señor Jesús pone de manifiesto que lo que da a sus discípulos es un nuevo mandamiento, que se amen unos a otros: "Os doy —dice- un mandamiento nuevo: que os améis unos a otros".

¿Pero acaso este mandamiento no se encontraba ya en la ley antigua, en la que estaba escrito: "Amarás a tu prójimo como a ti mismo"? ¿Por qué lo llama entonces 'nuevo' el Señor, si está claro que era antiguo? ¿No será que es nuevo porque nos viste del hombre nuevo después de despojarnos del antiguo? Porque no es cualquier amor el que renueva a quien oye, o mejor al que obedece, sino aquél a cuyo propósito añadió el Señor, para distinguirlo del amor puramente carnal (humano): "como yo os he amado".

Este es el amor que nos renueva y nos hace ser hombres nuevos, herederos del nuevo Testamento, intérpretes de un cántico nuevo. Este amor, hermanos queridos, renovó ya a los antiguos justos, a los patriarcas y a los profetas, y luego a los bienaventurados apóstoles. Ahora renueva a los gentiles y hace de todo el género humano, extendido por el universo entero, un único pueblo nuevo, el cuerpo de la nueva esposa del Hijo de Dios, de la que dice en el Cantar de los cantares: "¿Quién es esa que sube del desierto vestida de blanco? Sí, vestida de blanco, porque ha sido renovada; ¿y qué es lo que la ha renovado sino el mandamiento nuevo?

Porque, en la Iglesia, los miembros se preocupan unos por otros; y si padece uno de ellos, se compadecen todos los demás; y si uno de ellos se ve glorificado, todos los otros se congratulan. La Iglesia, en verdad, escucha y guarda estas palabras: "Os doy un mandamiento nuevo: que os améis unos a otros". No como se aman quienes viven en la corrupción de la carne, ni como se aman los hombres simplemente porque son hombres, sino como se quieren todos los que se tienen por dioses e hijos del Altísimo, y llegan a ser hermanos de su único Hijo, amándose unos a otros con aquel mismo amor con que él los amó para conducirlos a todos a aquel fin que les satisfaga, donde su anhelo de bienes encuentre su saciedad. Porque no quedará ningún anhelo por saciar cuando Dios lo sea todo en todos.

Este amor nos lo otorga el mismo que dijo: "Como yo os he amado, amaos también entre vosotros". Pues para esto nos amó precisamente para que nos amemos los unos a los otros; y con su amor hizo posible que nos ligáramos estrechamente, y como miembros unidos por tan dulce vínculo, formemos el cuerpo de tan espléndida cabeza.

¡Qué clarito deja S. Agustín que no todo amor es amor, y eso que no existían en su tiempo las Revistas y programas del corazón, que tanto nos confunden!

Y como ésta es la virtud -regalada, infusa, sobrenatural- que lleva al cielo y permanece allí, mientras que la fe y la esperanza se quedan aquí abajo, prestemos mucha atención a la catequesis, porque con ella nos estamos jugando el presente y el futuro. No se trata, no, del amor puramente humano (este es el significado de "carnal"). De ninguna de las maneras igualemos carnal a sexo, sino a lógica humana, egoísmo innato: un amor a los buenos, a los que nos aman. ¡Y ni siquiera esto lo logramos algunas veces! Se trata del amor con mayúscula que Dios tiene con nosotros y ha depositado en nosotros, en lucha con el simple 'amor carnal'. De ahí la necesidad de combatir: si el grano de trigo (¿el Ego?) no cae en tierra (no se rebaja como Cristo se rebajó hasta hacerse el último de los siervos al lavar los pies de sus pecadores apóstoles... *si yo, el maestro... ejemplo os he dado...* Completemos cada uno los puntos suspensivos.

La descripción que hace S. Agustín de la Iglesia -*"en la Iglesia, los miembros se preocupan unos por otros; y si padece uno de ellos, se compadecen todos los demás; y si uno se ve glorificado, todos los otros se congratulan"*- deberíamos tomarla todos como nuestra meta. Así, atraeríamos otra vez a quienes la han abandonado y entrarían muchos nuevos hermanos. ¡Propongámonoslo!

34. De la carta de S. Clemente, papa, a los Corintios

Muchos senderos, pero un solo camino
(Apocalipsis 17, 1-18) (T.P. viernes IV)

Jesucristo es, queridos hermanos, el camino en el que encontramos nuestra salvación, él es el pontífice de nuestras ofrendas, el defensor y protector de nuestra debilidad.

Por él, contemplamos las alturas del cielo; en él, vemos como un reflejo del rostro resplandeciente y majestuoso de Dios. Gracias a él se nos abrieron los ojos de nuestro corazón. Gracias a él, nuestra inteligencia, insensata y llena de tinieblas, quedó repleta de luz. Por él quiso el Dueño soberano de todo que gustásemos el conocimiento inmortal, ya que "él es reflejo de la gloria del Padre y está tanto más encumbrado sobre los ángeles, cuanto más sublime es el nombre que ha heredado".

Militemos, por tanto hermanos con todas nuestras fuerzas, bajo las órdenes de un jefe tan santo. Pensemos en los soldados que militan a las órdenes de nuestros emperadores: con qué disciplina, con qué obediencia, con qué prontitud cumplen cuanto se les ordena. No todos son perfectos ni tienen bajo su mando mil hombres, ni cien, ni cincuenta, y así de los demás grados. Sin embargo, cada uno de ellos lleva a cabo, según su orden y jerarquía, las órdenes del emperador y de sus jefes. Los grandes no pueden subsistir sin los pequeños, ni los pequeños sin los grandes. Todos se hallan mezclados y de ahí surge la utilidad.

Tomemos el ejemplo de nuestro cuerpo: la cabeza nada puede sin los pies, ni los pies sin la cabeza. Los miembros más insignificantes de nuestro cuerpo son necesarios y útiles al cuerpo entero y colaboran mutuamente en bien del cuerpo entero.

Que se conserve también entero este cuerpo que formamos en Cristo Jesús. Sométase cada uno a su prójimo, respetando los carismas que cada uno ha recibido.

El fuerte cuide del débil, y el débil respete al fuerte. El rico sea generoso con el pobre, y el pobre alabe a Dios que le ha proporcionado a alguien para remedio de su pobreza. Que el sabio manifieste su sabiduría no en palabras, sino en buenas obras, y que el humilde no haga propaganda de sí mismo, sino que aguarde a que otro dé testimonio de él. El que guarda castidad, que no se enorgullezca, porque sabe que es otro quien le otorga el don de la continencia.

Pensemos, pues, hermanos, de qué polvo fuimos formados, qué éramos al entrar en este mundo, de qué sepulcro y de qué tinieblas nos sacó el Creador que nos plasmó y nos trajo a este mundo, obra suya, en el que ya antes de que naciéramos, nos había dispuesto sus dones. Como quiera, pues, que todos estos dones los tenemos de su mano, en todo debemos darle gracias. A él la gloria por los siglos de los siglos. Amén

Hermosa catequesis que echa a andar no sólo nuestros más nobles sentimientos, sino también nuestra voluntad, que es lo que nos constituye en personas. El primer reclamo es tener a Jesucristo como único camino válido. Todos los demás 'apoyos' (María, los santos, las devociones y ejercicios piadosos) los usaremos en tanto en cuanto nos lleven y mantengan en "el Camino". Lo dijo Jesús: *Yo soy el camino para la verdad y la vida".*

S. Clemente, papa, nos apunta unas cuantas de las 'cosas' que Cristo concede a quienes le toman por camino y, a continuación, nos invita a obedecerle, imitarle, seguirle… con la misma radicalidad que los militares tienen con sus jefes. Y como este ejemplo nos puede parecer poco adecuado para el seguimiento del "Rey de la Paz", nos ofrece, después, otro más acorde: nuestro cuerpo.

¿Conclusiones que saca?: que todos somos necesarios para el buen funcionamiento de la Iglesia y la sociedad; que conservar la unidad y no el enfrentamiento de unos con otros es cuestión de "someterse cada uno a su prójimo, respetando los carismas (dones, cualidades) que él y los demás han recibido. Y más: el fuerte cuide del débil, el rico sea generoso con el pobre, el sabio manifieste su sabiduría con buenas obras…

Para aceptar esta realidad de la mutua colaboración y del servicio a los demás —nos dice- es conveniente recordar lo que Dios ha hecho con nosotros… para que no se nos suba los humos a la cabeza. Humildad, agradecimiento y acción.

35. De S. Cirilo de Alejandría, comentando la Carta a los Romanos

Alcanzó a todos la misericordia divina y fue salvado todo el mundo
(Apocalipsis 18, 1-20) (T.P. sábado IV)

Nosotros, siendo muchos, formamos un solo cuerpo y somos miembros los unos de los otros, y es Cristo quien nos une mediante los vínculos de la caridad, tal como está escrito: "Él ha hecho de los dos pueblos una sola cosa, derribando con su carne el muro que los separaba: el odio. Él ha abolido la ley con sus mandamientos y reglas". Conviene, pues, que tengamos un mismo sentir: que si un miembro sufre, los demás miembros sufran con él y que, si un miembro es honrado, se alegren todos los miembros.

"Acogeos mutuamente —dice el Apóstol- como Cristo os acogió para gloria de Dios". Nos acogeremos unos a otros si nos esforzamos en tener un mismo sentir, llevando los unos las cargas de los otros, conservando "la unidad del Espíritu con el vínculo de la paz". Así es como nos acogió Dios a nosotros en Cristo. Pues no engaña el que dice: "Tanto amó Dios al mundo, que le entregó su Hijo por nosotros". Fue entregado, en efecto, como rescate para la vida de todos nosotros, y así fuimos arrancados de la muerte, redimidos de la muerte y del pecado. Y el mismo Apóstol explica el objetivo de esta realización de los designios de Dios, cuando dice que Cristo consagró su ministerio al servicio de los judíos, por exigirlo la fidelidad de Dios. Pues, como Dios había prometido a los patriarcas que los bendeciría en su descendencia futura y que los multiplicaría como las estrellas del cielo, por esto apareció en la carne y se hizo hombre el que era Dios y la Palabra en persona, el que conserva toda cosa creada y da a todos la incolumidad, por su condición de Dios.

Vino a este mundo en la carne, pero no para ser servido, sino, al contrario, para servir, como dice él mismo, y entregar su vida por la redención de todos. Él afirma haber venido de modo visible para cumplir las promesas hechas a Israel. Por esto, con verdad afirma Pablo que Cristo consagró su ministerio al servicio de los judíos, para dar cumplimiento a las promesas hechas a los padres y para que los paganos alcanzasen misericordia, y así ellos también le diesen gloria como a creador y hacedor, salvador y redentor de todos.

De este modo alcanzó a todos la misericordia divina, sin excluir a los paganos, de manera que el designo de la sabiduría de Dios en Cristo obtuvo su finalidad. Por la misericordia de Dios, en efecto, fue salvado todo el mundo, en lugar de los que se habían perdido.

Dos afirmaciones destacan en la catequesis sobre todo lo demás que se dice: la primera es que todos formamos un solo cuerpo y <u>somos miembros los unos de los otros</u> y es <u>Cristo</u> quien <u>nos une</u>. El formar un solo cuerpo y 'ser miembros los unos de los otros' nos recuerda la metáfora del "Cuerpo místico de Cristo" y nos compromete a cuidarnos los unos a los otros, porque en todo cuerpo cuando un miembro enferma, todo el cuerpo enferma. Y más aún, como Pablo señala en todo cuerpo la atención mayor se la lleva los miembros más débiles.

El vínculo de esta unión entre personas tan diversas por la edad, la cultura y los intereses no puede ser otro que el amor (Todas las palabras se suelen deteriorar, también caridad y amor, pero como que hablando de Dios estuviera menos deteriorada 'amor' que caridad).

La segunda afirmación es que Cristo vino al mundo, a este mundo nuestro, no para ser servido, sino, al contrario, <u>para servir</u> y entregar su vida para la redención de todos. Poco hay que discurrir para sacar la conclusión de que ninguno de nosotros está aquí para ser servido, sino para servir. Dado que Cristo no necesita nuestro 'servicio', estemos atentos para que el corazón y la mente no nos engañen y nos hagan creer que nuestra tarea en la tierra es "rezar a Dios", "llevar medallas o cruces", "hincar la rodilla cada vez que pasamos delante del Santísimo", "hacerle promesas" o "echar unas monedas en la bandeja o la hucha del templo"… Nada de esto puede sustituir al mandato del amor de los unos <u>a los otros</u>: *"Venid, benditos de mi Padre, porque tuve hambre y me disteis de comer… cada vez que lo hicisteis con uno de estos pequeños".* Detrás de esto, todo lo que nos ayude; delante, nada. Seamos honestos.

36. De los sermones de S. Máximo de Turín, obispo

Cristo, día sin ocaso

(Apocalipsis18,12 a 19,10) (T.P. domingo V)

La resurrección de Cristo destruye el poder del abismo, los recién bautizados renuevan la tierra, el Espíritu Santo abre las puertas del cielo. Porque el abismo, al ver sus puertas destruidas, devuelve los muertos; la tierra, renovada, germina resucitados; y el cielo, abierto, acoge a los que ascienden.

El ladrón es admitido en el paraíso, los cuerpos de los santos entran en la ciudad santa y los muertos vuelven a tener su morada entre los vivos. Así, como si la resurrección de Cristo fuera germinando en el mundo, todos los elementos de la creación se ven arrebatados a lo alto.

El abismo devuelve sus cautivos, la tierra envía al cielo a los que estaban sepultados en su seno, y el cielo presenta al Señor a los que han subido desde la tierra. Así, con un solo y único acto, la pasión del Salvador nos extrae del abismo, nos eleva por encima de lo terreno y nos coloca en lo más alto de los cielos.

La resurrección de Cristo es vida para los difuntos, perdón para los pecadores, gloria para los santos (que son todos los fieles, no sólo los canonizados). Por esto el salmista invita a toda la creación a celebrar la resurrección de Cristo, al decir que hay que alegrarse y llenarse de gozo en este día en el que actuó el Señor.

La luz de Cristo es día sin noche, día sin ocaso. Escucha al Apóstol que nos dice que este día es el mismo Cristo: "La noche está avanzada, el día se echa encima".

La noche está avanzada" -dice- porque no volverá más. Entiéndelo bien: una vez que ha amanecido la luz de Cristo, huyen las tinieblas del diablo y desaparece la negrura del pecado, porque el resplandor de Cristo destruye la tenebrosidad de las culpas pasadas.

Porque Cristo es aquel Día a quien el Día, su Padre, comunica el íntimo ser de la divinidad. Él es aquel Día que dice por boca de Salomón: "Yo hice nacer en el cielo una luz inextinguible".

Así como no hay noche que siga al día celeste, del mismo modo las tinieblas del pecado no pueden seguir la santidad de Cristo. El día celeste resplandece, brilla, fulgura sin cesar y no hay oscuridad que pueda con él.

La luz de Cristo, luce, ilumina, destella continuamente, y las tinieblas del pecado no pueden recibirla: por ello dice el evangelista Juan: "la luz brilla en la tiniebla, y la tiniebla no la recibió". Por ello, hermanos, hemos de alegrarnos en este día santo. Que nadie se sustraiga del gozo común a causa de la conciencia de sus pecados; que nadie deje de participar en la oración del pueblo de Dios, a causa del peso de sus faltas. Que nadie, por pecador que se sienta, deje de esperar el perdón en un día tan santo. Porque si el ladrón obtuvo el paraíso ¿cómo no va a obtener el perdón el cristiano?

Emotiva catequesis cien por cien. Pero substancial y consistente, porque pone en el centro de la vida cristiana la Resurrección de Cristo. Su triunfo, que es también nuestro, sobre el pecado y la muerte. Recordemos la afirmación tan tajante de Pablo: "Si Cristo no hubiera resucitado, seríamos los cristianos los más tontos del mundo, porque ¿qué podemos esperar de un muerto"?

¡Qué bonita la metáfora "como si la resurrección de Cristo fuera germinando en el mundo, todos los elementos de la creación (no sólo las personas) se ven arrebatados a lo alto"!. Esta es la consecuencia para nosotros: hemos sido arrebatados a lo alto: ya no nos podemos conformar con la 'vida intelectual', tan hermosa y tan capaz, porque estamos llamados a vivir con la cabeza y el corazón, con todo nuestro ser en las alturas de Dios, hemos sido 'en cierto modo divinizados'. ¿No es una pena que continúe la humanidad arrastrándose, consumiendo su tiempo en guerrear, engañar, abusar, marginar…?

Por ello, hermanos, hemos de alegrarnos en este <u>día sin ocaso</u>. Que nadie, por pecador que se sienta, deje de esperar el perdón y acudir al sacramento de la penitencia (que significa 'conversión'). Porque si el ladrón crucificado con Cristo obtuvo el paraíso, ¿cómo no vamos a obtener el perdón los que nos acercamos al sacramento de la misericordia? ¡Qué pena debe darnos ver a un fiel en la eucaristía que no se acerca a recibir a Cristo, vivo y dador de vida, porque no se ha sentido capaz de confesar!

37. De los sermones de S. Gregorio de Nisa, obispo

Primogénito de la nueva creación
(Apocalipsis 19, 11-21) (T.P. lunes V)

Ha comenzado el reino de la vida y se ha disuelto el imperio de la muerte. Ha aparecido otro nacimiento, otra vida, <u>otra forma de vivir</u>, la transformación de nuestra misma naturaleza. ¿De qué nacimiento se habla? Del de aquellos que "no han nacido de sangre, ni de amor carnal, ni de amor humano, sino de Dios".

¿Preguntas que cómo es esto posible? Lo explicaré en pocas palabras. Este nuevo ser lo engendra <u>la fe</u>. La regeneración del <u>bautismo</u> lo da a luz. La <u>Iglesia</u>, cual nodriza, lo amamanta. Con su doctrina (la Palabra) e instituciones y con su pan celestial lo alimenta. Llega a la edad madura con la <u>santidad de la vida</u>. Su matrimonio es la <u>unión con la Sabiduría</u>. Sus hijos, la esperanza. Su casa, el reino. Su herencia y sus riquezas, las delicias del paraíso. Su desenlace no es la muerte, sino la <u>vida eterna y feliz</u> en la mansión de los santos.

"Este es el día en que actuó el Señor", día totalmente distinto de aquellos otros establecidos desde el comienzo de los siglos y que son medidos por el paso del tiempo. Este día es el comienzo de <u>una nueva creación</u>, porque, como dice el profeta, Dios ha creado un cielo nuevo y una tierra nueva. ¿Qué cielo?: el firmamento de <u>la fe en Cristo</u>. ¿Y qué tierra? El <u>corazón bueno</u> que, como hijo del Señor, es semejante a aquella tierra que se impregna con la lluvia que desciende sobre ella y produce abundantes espigas.

En esta nueva creación, el sol es la <u>vida pura</u>. Las estrellas son las <u>virtudes</u>. El aire, una <u>conducta sin tacha</u>. El mar, aquel "abismo de generosidad, de sabiduría y de <u>conocimiento de Dios</u>": las hierbas y semillas, la buena doctrina y las <u>enseñanzas divinas</u>, en las que el rebaño, es decir, el pueblo de Dios, encuentra su pasto; los árboles que llevan fruto son <u>la observancia</u> de los preceptos divinos.

En este día es creado el verdadero hombre, aquel que fue hecho a semejanza e imagen de Dios. ¿No es, por ventura, un nuevo mundo el que empieza para ti en "este día en que actuó el Señor"? ¿No habla de este día el Profeta, al decir que será un día y una noche que no tienen semejante?

Pero aún no hemos hablado del mayor de los privilegios de este día de gracia: lo más importante de este día es que él destruyó el dolor de la muerte y dio a luz al primogénito de entre los muertos, a aquel que hizo este admirable anuncio: "Subo al Padre mío y Padre vuestro, al Dios mío y Dios vuestro".

¡Oh mensaje lleno de felicidad y de hermosura! El que por nosotros se hizo hombre semejante a nosotros, siendo el Unigénito del Padre, quiere convertirnos en sus hermanos, y, al llevar su humanidad al Padre, arrastra tras de sí a todos los que ahora son ya de su raza!

Esta catequesis tan hermosa se comenta por sí misma. Te recomiendo que la leas despacio, dos o tres veces.

Lo que voy a aprovechar es para recordarte que la liturgia tiene la virtud (la fuerza) de hacer presente, *aquí, ahora, para cada uno de los participantes* el misterio que se celebra, en este caso la Resurrección de Jesús, el triunfo sobre el pecado y la muerte. Te recuerdo también que en la liturgia la palabra "misterio" significa un hecho histórico, real, objetivo, de la vida de Cristo, cuya fuerza salvadora se actualiza, se hace presente como en el momento que tuvo lugar, porque Él trasciendo el tiempo y el lugar, es decir, no está sujeto como nosotros a las coordenadas de tiempo y espacio. Por eso su muerte y resurrección 'sirvió' para los anteriores a él, sus contemporáneos y todos los que vivimos después del suceso.

Y otra cosa, que te hará valorar la liturgia: los dos días que abren y cierran la Pascua salvadora de Jesús son, lógicamente: su nacimiento y muerte/resurrección. Por eso vienen precedidos de largas preparaciones, que llamamos Adviento y Cuaresma. Todo ello tiene como objetivo que lleguemos a ambos acontecimientos con el corazón bien preparado, para vivirlos intensa y profundamente, de modo que dejen huella en nuestro comportamiento. No son dos días cualesquiera. No. Son los dos DÍAS tan grandes que se prolongan ocho jornadas: las Octavas de Navidad y de Pascua. **En esos ocho días fíjate cómo se repite**: "hoy". Por todo esto no ha de extrañarte que los Santos Padres echen a volar las campanas de su amor a quien es el protagonista, el Día con mayúscula, vencedor de toda obscuridad.

38. San Cirilo de Alejandría comentando el ev. de Juan

Yo soy la vid, vosotros los sarmientos
(Apocalipsis 20, 1-15) (T.P. martes V)

El Señor, para convencernos de que es necesario que nos adhiramos a él por el amor, ponderó qué grandes bienes se derivan de nuestra unión con él, comparándose a él mismo con la vid y afirmando que los que están unidos a él e injertados en su persona, vienen a ser como sus sarmientos, y, al participar del Espíritu Santo, comparten su misma naturaleza, pues el Espíritu de Cristo nos une con él.

La adhesión de los que se vinculan a la vid consiste en una adhesión de voluntad y de deseo. En cambio, la unión de la vid con nosotros es una unión de amor y de inhabitación. Nosotros, en efecto, partimos de un buen deseo y nos adherimos a Cristo (voluntariamente) por la fe. Así llegamos a participar de su misma naturaleza y alcanzamos la dignidad de hijos adoptivos, pues, como afirma S. Pablo, el que se une al Señor es un espíritu con él.

De la misma forma que en un lugar de la Escritura se dice de Cristo que es cimiento y fundamento (pues nosotros, se afirma, estamos edificados sobre él y, como piedras vivas y espirituales, entramos en la construcción del templo del Espíritu, formando un sacerdocio sagrado, cosa que no sería posible si Cristo no fuera fundamento). Así, de manera semejante, Cristo se llama a sí mismo vid, como si fuera la madre y nodriza de los sarmientos que proceden de él.

En él y por él hemos sido regenerados en el Espíritu para producir fruto de vida, no de aquella vida caduca y antigua, sino de la vida nueva que se funda en su amor. Y esta vida la conservaremos si perseveramos unidos a él y como injertados en su persona; si seguimos fielmente los mandamientos que nos dio y procuramos conservar los grandes bienes que nos confió, esforzarnos por no contristar, ni en lo más mínimo, al Espíritu que habita en nosotros, pues, por medio de él, Dios mismo tiene su morada en nuestro interior.

De qué modo nosotros estamos en Cristo y Cristo en nosotros nos lo pone en claro el evangelista Juan al decir: "En esto conocemos que permanecemos en él, y él en nosotros: en que nos ha dado de su Espíritu".

Pues así como la raíz hace llegar su misma manera de ser a los sarmiento, del mismo modo el Verbo unigénito de Dios Padre comunica a los santos (todos los bautizados) una especie de parentesco consigo mismo y con el Padre, al darles parte en su propia naturaleza, y otorga su Espíritu a los que están unidos con él por la fe: así les comunica una santidad inmensa, los nutre en la piedad y los lleva al conocimiento de la verdad y a la práctica de la virtud.

Muy fuertes son las cosas que se dicen en esta catequesis de S. Cirilo. Pero, si te das cuenta, él, como los otros Santos Padres, no hace más que hilvanar su discurso con Palabras de Dios. Cosa que, desgraciadamente no hacemos muchos de los cristianos que hoy día damos catequesis, y que nos urge recuperar.

Observa que se nos dice que la adhesión de quienes nos vinculamos a la Vid consiste en una <u>adhesión de voluntad y de deseo</u>. Ambas realidades nos exigen mucho. Si alguno se toma el seguimiento de Jesús como entretenimiento o para ocupar ratos libres, se equivoca. La voluntad es un acto consciente y libre; y el deseo del que habla S. Cirilo no es ese "se me ocurre" o "me gustaría", tan frecuentes en las personas poco recias, sino esa expresión de los salmos: "mi alma tiene sed de ti, Señor, como tierra reseca y agostada"

Pero se nos dice también que la unión de la Vid con nosotros es una <u>unión de amor y de inhabitación</u>. Afirmaciones como esta tendríamos que repetirnos muchas veces en lugar de oraciones barrocas e insulsas que hemos aprendido de memoria y que nos dejan igual que estábamos antes de recitarlas una y otra vez.

Ejercítate en hablar espontánea y afectuosamente con Jesús. Que no te dé vergüenza decirle, p. ej. "guapo, lindo, encanto… te quiero, sí te quiero…" E incluso llámalo por un nombre que sólo tú y él conocéis, como hacen los enamorados. ¡De quién mejor que de él podemos enamorarnos!

39. De la carta a Diogneto

Los cristianos en el mundo

(Apocalipsis 21, 1-8) (T.P. miércoles V)

Los cristianos no se distinguen de los demás hombres, ni por el lugar en que viven, ni por su modo de vida. Ellos, en efecto, no tienen ciudades propias, ni utilizan un hablar insólito, ni llevan un género de vida distinto. Su sistema doctrinal no ha sido inventado gracias al talento y especulación de hombres estudiosos, ni profesan, como otros, una enseñanza basada en autoridad de hombres.

Viven en ciudades griegas y bárbaras, según le cupo en suerte, siguen las costumbres de los habitantes del país, tanto en el vestir como en todo su estilo de vida y, sin embargo, dan muestra de un tenor de vida admirable y, a juicio de todos, increíble. Habitan en su propia patria, pero como forasteros; toman parte en todo como ciudadanos, pero lo soportan todo como extranjeros; toda tierra extraña es patria para ellos, pero están en toda patria como tierra extraña. Igual que todos, se casan y engendran hijos, pero no se deshacen de los hijos que conciben. Tienen la mesa en común, pero no el lecho.

Viven en la carne, pero no según la carne. Viven en la tierra, pero su ciudadanía está en el cielo. Obedecen las leyes establecidas, y con su modo de vivir superan estas leyes. Aman a todos, y todos los persiguen. Se los condena sin conocerlos. Se les da muerte, y con ello reciben la vida. Son pobres, y enriquecen a muchos; carecen de todo, y abundan en todo. Sufren la deshonra, y ello les sirve de gloria; sufren detrimento en su fama, y ello atestigua su justicia. Son maldecidos, y bendicen; son tratados con ignominia, y ellos, a cambio, devuelven honor. Hacen el bien, y son castigados como malhechores; y, al ser castigados a muerte, se alegran como si se les diera la vida. Los judíos los combaten como a extraños, y los gentiles les persiguen, y, sin embargo, los mismos que los aborrecen no saben explicar el motivo de su enemistad.

Para decirlo en pocas palabras: los cristianos son en el mundo lo que el alma es en el cuerpo. El alma, en efecto, se halla esparcida por todos los miembros del cuerpo; así también los cristianos se encuentran dispersos por todas las ciudades del mundo. El alma habita en el cuerpo, pero no procede del cuerpo. Los cristianos viven en el mundo, pero no son del mundo. El alma invisible está encerrada en la cárcel del cuerpo visible; los cristianos viven visiblemente en el mundo, pero su religión es invisible. La carne aborrece y combate al alma, sin haber recibido de ella agravio alguno, sólo porque le impide disfrutar de los placeres; también el mundo aborrece a los cristianos, sin haber recibido agravio alguno de ellos, porque se oponen a sus placeres.

El alma ama al cuerpo y sus miembros, a pesar de que éste la aborrece; también los cristianos aman a los que los odian. El alma está encerrada en el cuerpo, pero es ella la que mantiene unido al cuerpo; también los cristianos se hallan retenidos en el mundo como en una cárcel, pero ellos son los que mantienen la trabazón del mundo. El alma inmortal habita en una tienda mortal; también los cristianos viven como peregrinos en moradas corruptibles, mientras esperan la incorrupción celestial; el alma se perfecciona con la mortificación en el comer y beber; también los cristianos, constantemente mortificados, se multiplican más y más.

Tan importante es el puesto que Dios les ha asignado, del que no les es lícito desertar.

De este preciosísimo documento, que nos hace comprender que hoy los cristianos, en conjunto, estamos –como dice el Papa Francisco– necesitados de conversión presta y profunda, no se conoce la identidad del autor ni del destinatario. La crítica se limita a decir que es obra de la apologética cristiana, escrita, quizás, en las postrimerías del siglo II y no descubierta hasta el XV. Ya ves qué alegría da leer esto de nuestros antepasados. ¡Anímate, búscala en internet y disfruta con su lectura completa! No es muy larga, tranquilo.

Y no te quedes en leerla, lucha contra ti mismo y tu ambiente para que se pueda decir de nosotros lo que se dice de estos primitivos cristianos: no se distinguen de los demás hombres ni por el lugar en que viven, ni por su lenguaje, ni por su modo de vida y, sin embargo, dan muestras de un tenor de vida admirable y, a juicio de todos, increíble... Toman parte en todo como ciudadanos, pero lo soportan todo como extranjeros... Viven en la carne, pero no según la carne. Viven en la tierra, pero su ciudadanía está en el cielo...

Termino como el mismo autor concluye: Tan importante es el puesto (la tarea) que Dios les ha asignado (en la Iglesia y la Sociedad), que no les es lícito desertar de él. ¡Ánimo y siempre pa'lante por muchas que sean las dificultades! ¡No nos podemos rendir!

40. De los tratados de S. Gaudencio de Brescia, obispo

La eucaristía, Pascua del Señor

(Apocalipsis 21, 9-27) (T.P. jueves V)

Uno solo murió por todos. Y este mismo es quien ahora nos alimenta por el misterio del pan y del vino, por todas las Iglesias, en el misterio del pan y del vino, inmolado, nos alimenta; creído, nos vivifica; consagrado, santifica a los que lo consagran.

Esta es la carne del Cordero, ésta la sangre. El pan mismo que descendió del cielo dice: "El pan que yo daré es mi carne para la vida del mundo". También su sangre está bien significada bajo la especie del vino, porque al declarar él en el Evangelio: "Yo soy la verdadera vid" nos da a entender a las claras que el vino que se ofrece en el sacramento de la pasión es su sangre; por eso, ya el patriarca Jacob había profetizado de Cristo diciendo: "Lava su ropa en vino y su túnica en sangre de uvas". Porque habrá de purificar en su propia sangre nuestro cuerpo, que es como la vestidura que ha tomado sobre sí.

El mismo Creador y Señor de la naturaleza, que hace que la tierra produzca pan, hace también del pan su propio cuerpo (porque así lo prometió y tiene poder para hacerlo), y el que convirtió el agua en vino, hace del vino su sangre.

"Es la Pascua del Señor", dice la Escritura, es decir, su paso, para que no se te ocurra pensar que continúe siendo terreno aquello por lo que pasó el Señor cuando hizo de ello su cuerpo y su sangre.

Lo que recibes es el cuerpo de aquel pan celestial y la sangre de aquella sagrada vid. Creamos, pues, os pido, en quien pusimos nuestra fe. La verdad no sabe mentir.

Por eso, cuando habló a las turbas estupefactas sobre la obligación de comer su cuerpo y beber su sangre, y la gente empezó a murmurar, diciendo: "Este modo de hablar es duro, ¿quién puede hacerle caso?", para purificar con fuego del cielo aquellos pensamientos que, como dije antes, deben evitarse, añadió: "El espíritu es quien da vida; la carne no sirve de nada. Las palabras que os he dicho son espíritu y son vida".

La Pascua viene definida como "paso" salvador, liberador (de la esclavitud a la libertad). También puede tomarse como "golpe" liberador (Yavhé salva a su pueblo con el golpe de las plagas, especialmente la última: muerte de los primogénitos).

San Gaudencio dedica su catequesis a confirmar la fe del lector en lo que recibimos en la eucaristía: cuando habló Jesús a los contemporáneos sobre la *obligación* de comer su cuerpo y beber su sangre, la respuesta del pueblo fue perfectamente lógica, con la lógica humana.

Pero él se encarga inicialmente de hacer tres afirmaciones, que no nos deben pasar desapercibidas. Son éstas: el misterio del pan y del vino, **inmolado**, 1) nos alimenta; **creído**, 2) nos vivifica; y **consagrado**, 3) nos santifica. Notemos, antes de proseguir, que la palabra "misterio" significa aquí: hecho real en el que Dios intervino.

Recurre luego a las palabras del mismo Jesús en la Última Cena: "al entregar a sus discípulos el pan y el vino consagrados, les dijo: 'esto es mi cuerpo; esto es mi sangre'. Creamos, pues, en quien pusimos nuestra fe".

41. De los sermones del beato Isaac, abad

Primogénito de muchos hermanos

(Apocalipsis 22, 1-9) (T.P. viernes V)

Del mismo modo que, en el hombre, cabeza y cuerpo forman un solo hombre, así el Hijo de la Virgen y sus miembros constituyen también un solo hombre y un solo Hijo del hombre. El Cristo íntegro y total, como se desprende de la Escritura, lo forman la cabeza y el cuerpo. En efecto, todos los miembros juntos forman aquel único cuerpo que, unido a su cabeza, es el único Hijo del hombre, quien, al ser también Hijo de Dios, es el único Hijo de Dios y forma con El Padre y el Espíritu el Dios único.

Por ello el cuerpo íntegro con su cabeza es Hijo del hombre, Hijo de Dios y Dios. Por eso se dice también: "Padre, éste es mi deseo: que sean uno, como tú, Padre, en mí y yo en ti".

Así, pues, de acuerdo con el significado de esta conocida afirmación de la Escritura, no hay cuerpo sin cabeza, ni cabeza sin cuerpo, ni Cristo total, cabeza y cuerpo, sin Dios.

*Por tanto, todo ello con Dios forma un solo Dios. Pero el Hijo de Dios es Dios **por naturaleza**, y el Hijo del hombre está unido a Dios **personalmente**. En cambio, los miembros del cuerpo de su Hijo están unidos con él sólo <u>místicamente</u>. Por esto los miembros fieles y espirituales de Cristo se pueden llamar de verdad lo que es él mismo, es decir, Hijo de Dios y Dios. Pero lo que él es por naturaleza, éstos lo son <u>por comunicación</u>, y lo que él es en plenitud, éstos lo son <u>por participación</u>. Finalmente, él es Hijo de Dios **por generación**, y sus miembros lo son por <u>adopción</u>, como está escrito: "Habéis recibido un espíritu de hijos adoptivos, que nos hace gritar ¡Abba! (Padre)".*

Y por este mismo Espíritu "les da poder para ser hijos de Dios", para que instruidos por aquel que es "el primogénito de muchos hermanos", puedan decir: "Padre nuestro, que estás en los cielos", Y en otro lugar afirma: "Subo al Padre mío y Padre vuestro, al Dios mío y Dios vuestro".

Nosotros renacemos de la fuente bautismal como hijos de Dios y cuerpo suyo en virtud de aquel mismo Espíritu del que nació el Hijo del hombre, como cabeza nuestra, del seno de la Virgen. Y así como él nació sin pecado, del mismo modo nosotros renacemos para remisión de todos los pecados.

Pues, así como cargó en su cuerpo de carne, con todos los pecados del cuerpo entero, y con ellos subió a la cruz, así también, mediante la gracia de la regeneración, hizo que a su cuerpo místico no se le imputase pecado alguno como está escrito: " Dichoso el hombre a quien el Señor no le apunta el delito". Este hombre, que es Cristo, es realmente dichoso, ya que, como Cristo-cabeza y Dios, perdona el pecado; como Cristo-cabeza y hombre no necesita ni recibe perdón alguno; y, como cabeza de muchos, logra que no se nos apunte el delito.

Justo en sí mismo, se justifica a sí mismo. Único Salvador y único salvado, sufrió en su cuerpo físico sobre el madero lo que limpia de su cuerpo místico por el agua del bautismo, como "Cordero de Dios que quita", que carga sobre sí "el pecado del mundo". Sacerdote, sacrificio y Dios, que, ofreciendo su propia persona a sí mismo, por sí mismo se reconcilió consigo mismo, con el Padre y con el Espíritu Santo.

La idea del Cuerpo Místico es de S. Pablo. Lo que el beato Isaac hace en esta catequesis es una explicación de esta metáfora, de la que quiere concluir que somos hijos de Dios. Si recordamos que nuestra fe afirma un solo Dios, nos impresionará pensar que somos realmente hijos de Dios.

De hecho el autor llega a más: Así, pues, de acuerdo con el significado de esta conocida afirmación de la Escritura –éste es mi deseo: que sean uno, como tú, Padre, en mí y yo en ti- no hay cuerpo sin cabeza, ni cabeza sin cuerpo, ni Cristo total (cabeza y cuerpo) sin Dios.

Y más todavía: "por tanto, <u>todo ello</u> –cabeza y cuerpo- <u>con Dios forma un solo Dios</u>". Como asustado por lo que acaba de afirmar, recurre rápidamente a las distinciones naturales: Cristo está unido a Dios personalmente; nosotros, místicamente. Insiste a continuación: los miembros fieles y espirituales (ojo a los dos adjetivos) se pueden llamar de verdad lo que es él mismo, Hijo de Dios y Dios. Pero… (otra vez las distinciones: <lo que él es por naturaleza, en plenitud y por generación, nosotros lo somos por comunicación, participación y adopción>.

Pero así y todo es como para cambiar de vida… aunque sin ser del mundo tengamos que vivir <u>en el mundo</u>, -recuerda-, el enemigo de Dios. ¡Piénsalo y verás los efectos!

42. De los comentarios de S. Agustín, sobre los salmos

El aleluya pascual

(Apocalipsis 22, 10-21) (T.P. sábado V)

Toda nuestra vida presente debe discurrir en la alabanza de Dios, porque en ella consistirá la alegría sempiterna de la vida futura. Y nadie puede hacerse idóneo de la vida futura, si no se ejercita ahora en esta alabanza. Ahora, alabamos a Dios, pero también le rogamos. Nuestra alabanza incluye la alegría, la oración, el gemido. Es que se nos ha prometido algo que todavía no poseemos; y, porque es veraz el que lo ha prometido, nos alegramos por la esperanza; pero porque todavía no lo poseemos, gemimos por el deseo. Es cosa buena perseverar en este deseo, hasta que llegue lo prometido. Entonces cesará el gemido y subsistirá únicamente la alabanza.

Por razón de estos dos tiempos —uno, el presente que se desarrolla en medio de las pruebas y tribulaciones de esta vida, y el otro, el futuro, en el que gozaremos de la seguridad y alegría perpetuas—, se ha instituido la celebración de un doble tiempo, el de antes (Cuaresma) y el de después de Pascua.

El que precede a la Pascua (la Cuaresma) significa las tribulaciones que en esta vida pasamos; el que celebramos ahora, después de Pascua, significa la felicidad que luego poseeremos. Por tanto, antes de Pascua celebramos lo mismo que ahora vivimos; después de Pascua celebramos y significamos lo que aún no poseemos. Por esto, en aquel primer tiempo (la Cuaresma) nos ejercitamos en ayunos y oraciones; en el segundo, el que ahora celebramos, descansamos de los ayunos, y lo empleamos todo en la alabanza. Esto significa el ALELUYA que cantamos.

En aquel que es nuestra cabeza (Cristo), hallamos figurado y demostrado este doble tiempo. La pasión del Señor nos muestra la penuria de la vida presente, en la que tenemos que padecer la fatiga y la tribulación, y finalmente la muerte. En cambio, la resurrección y la glorificación del Señor es una muestra de la vida que se nos dará.

Ahora, pues, hermanos, os exhortamos a la alabanza de Dios. Y esta alabanza es la que nos expresamos mutuamente cuando decimos "Aleluya". "Alabad al Señor", nos decimos unos a otros; y, así, todos hacen aquello a lo que se exhortan mutuamente. Pero procurad alabarlo con toda vuestra persona, esto es, no sólo vuestra lengua y vuestra voz deben alabar a Dios, <u>sino también vuestro interior, vuestra vida, vuestras acciones.</u>

En efecto, lo alabamos ahora, cuando nos reunimos en la iglesia; y, <u>cuando volvemos a casa, parece que cesamos de alabarlo</u>. Pero, si no cesamos en nuestra buena conducta, alabaremos continuamente a Dios.

Dejas de alabar a Dios cuando te apartas de la justicia y de lo que a él le place. Si nunca te desvías del buen camino, aunque calle tu lengua, habla tu conducta; y los oídos de Dios atienden a tu corazón: Pues, del mismo modo que nuestros oídos escuchan nuestra voz, así los oídos de Dios escuchan nuestros pensamientos.

Lo más central de esta bella catequesis de S. Agustín es lo que he copiado subrayado.

La palabra 'alabar' la define el diccionario como "celebrar o aplaudir con palabras" la belleza, el acierto, la bondad o el poder de una persona, un paisaje, una acción…" Hay quienes dicen que "alabar" y "dar gracias" serían acciones muy parecidas; la segunda es como respuesta a un beneficio obtenido y la primera sería algo menos 'interesado'. Tanto en un caso como en otro se trata de **acciones básicas del creyente.** ¡Quién puede ser más digno que Dios para ser alabado o expresarle nuestro agradecimiento por su bondad infinita!

Recordemos que el 99% de los Prefacios eucarísticos afirma: "En verdad es justo y necesario, **es nuestro deber y salvación**, darte gracias siempre y en todo lugar, Señor Padre Santo…"

Pero S. Agustín nos pone en guardia al decirnos que no debemos quedarnos en alabar con la lengua y la voz (mientras que el corazón y las obras contradicen lo que decimos), sino que hemos de procurar **alabar con toda nuestra persona: con nuestro interior, nuestra vida y nuestras acciones.** Para alabarlo continuamente, no cesemos en nuestra buena conducta, porque así, aunque calle nuestra lengua, habla nuestra conducta.

Y nos dice otra cosa muy importante: "La alabanza incluye la alegría, la oración, el gemido… Es cosa buena perseverar en el deseo de lo que Jesús nos tiene prometido". Cuando retorne, cesará el gemido y subsistirá únicamente la alabanza.

43. Del comentario de S. Cirilo de Alejandría a 2ª Corintios

Dios nos ha reconciliado por medio de Cristo
(Primera carta de Juan 1, 1-10) (T.P. domingo VI)

Los que poseen las arras del Espíritu y la esperanza de la resurrección, como si poseyeran ya aquello que esperan, pueden afirmar que desde ahora ya no conocen a nadie según la carne: todos, en efecto, somos espirituales y ajenos a la corrupción de la carne. Porque desde el momento en que ha amanecido para nosotros la luz del Unigénito, somos transformados en la misma Palabra que da vida a todas las cosas. Y, si bien es verdad que cuando reinaba el pecado estábamos sujetos por los lazos de la muerte, al introducirse en el mundo la justicia de Cristo quedamos libres de la corrupción.

Por tanto, ya nadie vive en la carne (la condición humana), es decir, ya nadie está sujeto a la debilidad de la carne, a la que ciertamente pertenece la corrupción, entre otras cosas; en este sentido, dice el Apóstol: "Si alguna vez juzgamos a Cristo según la carne, ahora ya no". Es como quien dice: "La Palabra se hizo carne y acampó entre nosotros", y, para que nosotros tuviésemos vida, sufrió la muerte según la carne y así es como conocimos a Cristo. Sin embargo, ahora ya no es así como lo conocemos. Pues aunque retiene su cuerpo humano, ya que resucitó al tercer día y vive en el cielo junto al Padre, no obstante, su existencia es superior a la meramente carnal, puesto que "murió de una vez para siempre y ya no muere más; la muerte ya no tiene dominio sobre él. Porque su morir fue un morir al pecado de una vez para siempre; y su vivir es un vivir para Dios".

Si tal es la condición de aquel que se convirtió para nosotros en abanderado y precursor de la vida, es necesario que nosotros, siguiendo sus huellas, formemos parte de los que viven por encima de la carne, y no en la carne. Por esto, dice con toda razón Pablo: "El que es de Cristo es una criatura nueva. Lo antiguo ha pasado, lo nuevo ha comenzado". Hemos sido, en efecto, justificados por la fe en Cristo, y ha cesado el efecto de la maldición, puesto que él ha resucitado para librarnos, conculcando el poder de la muerte; y, además, hemos conocido al que es por naturaleza propia Dios verdadero, a quien damos culto en espíritu y en verdad, por mediación del Hijo, quien derrama sobre el mundo las bendiciones divinas que proceden del Padre.

Por lo cual, dice acertadamente san Pablo: "Todo esto viene de Dios, que por medio de Cristo nos reconcilió consigo", ya que el misterio de la encarnación y la renovación consiguiente a la misma se realizaron de acuerdo con el designio del Padre. No hay que olvidar que por Cristo tenemos acceso al Padre, ya que nadie va al Padre, como afirma el mismo Cristo, sino por él. Y, así, "todo esto viene de Dios, que por medio de Cristo nos reconcilió y nos encargó el ministerio de la reconciliación".

Recordemos que por "arras" se entiende lo que se da como prenda en un contrato. Y en la Biblia y el lenguaje litúrgico, la palabra "carne" no tiene nada que ver con 'sexo', como algunos piensan, sino con "condición humana". S. Cirilo comienza afirmando que los creyentes y bautizados ya están en otra situación: "todos, en efecto, somos espirituales". He aquí otra palabra que ha de entenderse bien y no como en el lenguaje corriente, donde pareciera que lo espiritual se opone a lo carnal. Pero no es así. Mientras vivamos aquí 'abajo' estaremos movidos por esas dos 'fuerzas': la carnal y la espiritual. A S. Agustín le gustaba hablar de las dos ciudades y, consiguientemente de las dos ciudadanías: la tierra y el cielo. El problema es que en más de una ocasión las dos se enfrentan. Lo sabemos por experiencia.

Una de las consecuencias de nuestra presente condición 'espiritual' es que ya no estamos, necesariamente, esclavos de la carne (la "lógica humana"). Es cierto que, en cuanto animales que somos, tenemos instintos de conservación y procreación, deseos que podemos llamar 'egoístas' (sobresalir, envidia, venganza, gusto por el mínimo esfuerzo, guerrear y un largo etc). Pero también poseemos experiencia de victorias. Todas estas tendencias naturales (carnales) es lo que los diez mandamientos pretenden frenar o tener controladas. Cuando caemos en la cuenta de esto, ya no nos pesan esos 'mandatos', sino que los agradecemos.

S. Cirilo se fija en otra consecuencia de nuestra condición carnal: la corrupción. Pero nos anima diciéndonos: es necesario que nosotros, siguiendo sus huellas, formemos parte de los que viven por encima de la carne, y no en la carne… que le demos culto en espíritu y en verdad.

44. Del tratado de Dídimo de Alejandría sobre la Trinidad

El Espíritu Santo nos renueva en el bautismo
(1ª carta de Juan 2, 1-11) (T.P. lunes VI)

En el bautismo nos renueva el Espíritu Santo como Dios que es, a una con el Padre y el Hijo, y nos devuelve desde el estado caído en que nos hallábamos, así como nos llena con su gracia de forma que ya no podemos ir tras cosa alguna que no sea deseable. Nos libera del pecado y de la muerte; de hechos de tierra y polvo, nos convierte en espirituales, partícipes de la gloria divina, hijos y herederos de Dios Padre, configurados de acuerdo con la imagen de su Hijo, herederos con él, hermanos suyos, que habrán de ser glorificados con él y reinarán con él. En lugar de la tierra nos da el cielo y nos concede liberalmente el paraíso; nos honra más que a los ángeles. Y con las aguas divinas de la piscina bautismal apaga la inmensa llama inextinguible del infierno.

En efecto, los hombres son concebidos dos veces, una corporalmente, la otra por el Espíritu divino. De ambas escribieron acertadamente los evangelistas, y yo estoy dispuesto a citar el nombre y la doctrina de cada uno.

Juan: "A cuantos lo recibieron, les da poder para ser hijos de Dios, si creen en su nombre. Estos no han nacido de sangre ni de amor carnal, ni de amor humano, sino de Dios. Todos aquellos, dice, que creyeron en Cristo recibieron el poder de hacerse hijos de Dios, esto es, del Espíritu Santo, para que llegaran a ser de la misma naturaleza de Dios. Y, para poner de relieve que aquel Dios que engendra es el Espíritu Santo, añadió con palabras de Cristo: "Te lo aseguro, el que no nazca de agua y de Espíritu no puede entrar en el reino de Dios".

Así, pues, de una manera visible, la pila bautismal da a luz a nuestro cuerpo mediante el ministerio de los sacerdotes; de una manera espiritual, el Espíritu de Dios, invisible para cualquier inteligencia, bautiza en sí mismo y regenera al mismo tiempo cuerpo y alma, con el ministerio de los ángeles.

Por lo que Juan el Bautista, históricamente y de acuerdo con esta expresión "de agua y de Espíritu", dijo a propósito de Cristo: "Él os bautizará con Espíritu Santo y fuego". Pues el vaso humano, como frágil que es, necesita primero purificarse en el agua y luego fortalecerse y perfeccionarse con el fuego espiritual (Dios es, en efecto, un fuego devorador): y por esto necesitamos del Espíritu Santo, que es quien nos perfecciona y renueva: este fuego espiritual puede, efectivamente, regar y esta agua espiritual es capaz de fundir como el fuego.

El bautismo ha de ser rescatado en nuestras vidas, porque el hecho de haberlo recibido cuando todavía éramos inconscientes se presta a que no le demos la importancia radical que tiene en y para la vida de todo creyente.

La catequesis comienza recordándonos que es el Sacramento del bautismo el que nos devuelve desde el estado de pecado (original) en que nacemos a la primitiva belleza de nuestros 'primeros padres' antes de su caída; y el que nos da la Gracia de Dios (la vida de Dios) compatible con nuestra condición "carnal", como nos decía S. Agustín en la catequesis anterior.

Por eso remarca el autor que los hombres somos concebidos dos veces, una corporalmente, la otra por el Espíritu divino. Y, apoyándose en el evangelio de S. Juan, nos recuerda que "a cuantos lo recibieron, les da poder para ser hijos de Dios, si creen en su nombre *(el que crea y se bautice…)*. Éstos no han nacido de sangre ni de amor carnal, ni de amor humano, sino de Dios… para que llegaran a ser de la misma naturaleza de Dios.

La fórmula *"de agua y de Espíritu"* la comenta así: nosotros somos pecadores (frágiles) y necesitamos 'limpiarnos' (confesar nuestras culpas) y 'fortalecernos' con el fuego del amor que es Dios.

45. Del comentario de S. Cirilo de Alejandría

Cristo es el vínculo de la unidad
(1ª carta de Juan 2, 12-17) (T.P. martes VI)

Todos los que participamos de la sangre sagrada de Cristo alcanzamos la unión corporal con él, como atestigua S. Pablo cuando dice refiriéndose al misterio del amor misericordioso del Señor: "No había sido manifestado a los hombres en otros tiempos, como ha sido revelado ahora por el Espíritu a sus santos apóstoles y profetas: que también los gentiles son coherederos, miembros del mismo cuerpo y partícipes de las promesas en Jesucristo".

Si, pues, todos nosotros formamos un mismo cuerpo en Cristo, y no sólo unos con otros, sino también en relación a aquel que se halla en nosotros gracias a su carne, ¿cómo no mostramos abiertamente todos nosotros esa unidad entre nosotros y en Cristo? Pues Cristo, que es Dios y hombre a la vez, es el vínculo de la unidad.

Y, si seguimos por el camino de la unión espiritual, habremos de decir que todos nosotros, una vez recibido el único y mismo Espíritu, a saber, el Espíritu Santo, nos fundimos entre nosotros y con Dios. Pues aunque seamos muchos por separado, y Cristo haga que el Espíritu del Padre y suyo habite en cada uno de nosotros, ese Espíritu, único e indivisible, reduce por sí mismo a la unidad a quienes son distintos entre sí, en cuanto subsisten en su respectiva singularidad, y hace que todos aparezcan como una sola cosa en sí mismo.

Y así como la virtud de la santa humanidad de Cristo hace que formen un solo cuerpo todos aquellos en quienes ella se encuentra, pienso que de la misma manera el Espíritu de Dios que habita en todos, único e indivisible, los reduce a todos a la unidad espiritual. (...)

Siendo uno solo el Espíritu que habita en nosotros, Dios será en nosotros el único Padre de todos por medio de su Hijo, con lo que reducirá a una unidad mutua y consigo a cuantos participan del Espíritu.

Ya desde ahora se manifiesta de alguna manera el hecho de que estemos unidos por participación al Espíritu Santo. Pues si abandonamos la vida puramente natural y nos atenemos a las leyes espirituales, ¿no es evidente que hemos abandonado en cierta manera nuestra vida anterior, que hemos adquirido una configuración celestial, y en cierto modo nos hemos transformado, en cierta manera, en otra naturaleza mediante la unión del Espíritu Santo con nosotros, y que ya no nos tenemos simplemente por hombres, sino como hijos de Dios y hombres celestiales, puesto que hemos llegado a ser participantes de la naturaleza divina?...

S. Cirilo afirma tajantemente que alcanzamos la unión corporal con Cristo todos los que participamos de su sangre sagrada. Y apoyándose en S. Pablo extiende a los "gentiles" (todos los no pertenecientes al pueblo judío) el ser coherederos con Cristo, miembros de su Cuerpo místico y partícipes de la promesa. Si nosotros estamos convencidos de esto, nos resultará fácil tratar incluso a los creyentes no católicos y a todos los no cristianos como hermanos.

La pregunta que nos formula -¿Cómo no mostramos abiertamente todos nosotros esa unidad entre nosotros y Cristo?- es de esas que llevan dinamita y que tenemos que tomar en serio. Por dos razones: porque la fe requiere respuestas concretas, de conducta y no sólo de boca o deseos; y porque la fuerza de atracción y la idea que se hagan los demás de la Iglesia dependerá de nuestro comportamiento.

El Espíritu único e indivisible que los bautizados recibimos en el bautismo tiene fuerza para reducirnos a la unidad a los que somos distintos y únicos. ¡No nos resistamos!. ¡No le hagamos fracasar!. S. Pablo nos grita: "Sobrellevaos mutuamente con amor; esforzaos en mantener la unidad del Espíritu, con el vínculo de la paz". Sobrellevarnos y esforzarnos son, pues, la clave de la unidad.

La otra clave que S. Cirilo apunta es: abandonar la vida puramente natural (carnal, mundana) y atenernos a las 'leyes espirituales'.

46. De los sermones de S. León Magno, papa

Los días de la resurrección a la ascensión
(1ª carta de S. Juan 2, 18-29) (T.P. miércoles VI)

Aquellos días que transcurrieron entre la resurrección del Señor y su ascensión no se perdieron ociosamente, sino que durante ellos se confirmaron importantes sacramentos, se revelaron grandes misterios.

En aquellos días se abolió el temor de la horrible muerte, y no sólo se declaró la inmortalidad de la persona. Durante estos días, gracias al soplo del Señor, se infundió en todos los apóstoles el Espíritu Santo y se le confió a S. Pedro, después de las llaves del reino, el cuidado del redil del Señor, con autoridad sobre los demás.

Durante estos días, el Señor se juntó, como uno más, a los dos discípulos que iban de camino (a Emaús) y los reprendió por su resistencia a creer, a <u>ellos</u>, que estaban temerosos y turbados, para disipar en <u>nosotros</u> toda tiniebla de duda.

Sus corazones por él iluminados, recibieron la llama de la fe y se convirtieron de tibios en ardientes, al abrirles el Señor el sentido de las Escrituras. En la fracción del pan, cuando estaban sentados con él a la mesa, se abrieron también sus ojos, con lo cual tuvieron la dicha de poder contemplar la naturaleza glorificada de Cristo.

Por tanto, hermanos, durante todo este tiempo que media entre la resurrección del Señor y su ascensión, la providencia de Dios se ocupó en demostrar, insinuándose en los ojos y en el corazón de los suyos, que la resurrección del Señor Jesucristo era tan real como su nacimiento, pasión y muerte.

Por esto, los apóstoles y todos los discípulos que estaban turbados por su muerte en la cruz y dudaban de su resurrección, fueron fortalecidos de tal modo por la evidencia de la verdad que, cuando el Señor subió al cielo, no sólo no experimentaron tristeza alguna, sino que se llenaron de gran gozo.

Y es que en realidad fue motivo de una inmensa e inefable alegría el hecho de que la naturaleza humana, en presencia de una santa multitud,

*ascendiera por encima de la dignidad de todas las criaturas celestiales, para
ser elevada más allá de todos los ángeles… hasta ser recibida junto al Padre,
entronizada y asociada a la gloria de aquel con cuya naturaleza divina se
había unido en la persona del Hijo.*

*"Voy a prepararos sitio; volveré y os llevaré conmigo, para que donde estoy
yo, estéis también vosotros. Yo le pediré al Padre que os dé otro Defensor, que
esté siempre con vosotros. No os dejaré huérfanos; volveré y os llevaré conmigo"
(Jn 14, 2.3.16-18)*

La palabra "sacramentos" significa "signos eficaces, que hacen presente
lo que significan". Por ejemplo, 'Sacramento del perdón' es el signo (la
fórmula que el sacerdote pronuncia mientras hace la cruz sobre mí)
que realmente me otorga el perdón del Señor. Recuerda que nosotros
hablamos de siete Sacramentos: cada uno realiza lo que significa a través
del signo propio.

Y la palabra "misterios" equivale a "<u>hechos históricos</u> que Jesús
realizó (nacimiento, presentación en el templo, bautismo en el Jordán,
milagros, pasión, muerte, resurrección, ascensión, nombramiento de
Pedro como cabeza de la Iglesia…) y que siguen actuando hoy día, por
él y sus acciones, como Dios que es, además de hombre, por lo que
trasciende el tiempo y el lugar, las dos coordenadas de nuestras obras.
Con otras palabras: aquellos actos de Jesús sirvieron para la salvación de
sus antepasados, contemporáneos y los que vivimos después que él.

Con la Resurrección de Cristo todos hemos sido convertidos de
'mortales' en 'inmortales', porque la muerte no es el final de nuestra
vida, sino un cambio, de tal manera que deshecha esta mansión terrenal,
adquirimos otra eterna en el cielo (ver Prefacio de difuntos I)

S. León Magno nos recuerda también que en estos días entre la
resurrección y la ascensión, Jesús se juntó con los dos discípulos que
regresaban a Emaús deprimidos ('temerosos y turbados') para disipar <u>en
nosotros </u>toda tiniebla de duda. ¡Fíjate bien: lo que hizo con ellos fue
<u>para nosotros</u>! Así hay que aprender a leer la Biblia: no como un libro de
historia, que narra cosas ya sucedidas a personajes que ya no viven, sino
como Palabra para mí, que en este momento la estoy leyendo. Es decir, la
Palabra de Dios siempre es viva y da vida a quien en ese momento la lee o
escucha… si lo hace de corazón, no de rutina.

¡Aviva la llama de tu fe y conviértete de tibio en ardiente… verás
cuántas cosas hermosas ocurren en tu vida!

47. De los sermones de S. León Magno, papa

La Ascensión del Señor aumenta nuestra fe
(1ª carta de Juan 3, 1-10) (T.P. jueves VI)

Así como en la solemnidad de Pascua la resurrección del Señor fue para nosotros causa de alegría, así también ahora su ascensión al cielos es también un nuevo motivo de gozo, al recordar y celebrar litúrgicamente el día en que la pequeñez de nuestra naturaleza fue elevada, en Cristo, por encima de todos los ejércitos celestiales, de todas las categoría de ángeles... hasta compartir el trono de Dios Padre.

Hemos sido establecidos y edificados por este modo de obrar divino, para que la gracia de Dios se manifestara más admirablemente, y así, a pesar de haber sido apartada la presencia visible del Señor de la vista de los hombres, por la cual se alimentaba el respeto de ellos hacia él, <u>la fe</u> se mantuviera firme, <u>la esperanza</u> inconmovible <u>y el amor</u> encendido.

En esto consiste, en efecto, el vigor de los espíritus verdaderamente grandes, esto es lo que realiza la luz de la fe en las personas verdaderamente fieles: creer sin vacilación lo que no ven nuestros ojos, tener fijo el deseo en lo que no puede alcanzar nuestra mirada. ¿Cómo podría nacer esta piedad en nuestros corazones, o cómo podríamos ser justificados por la fe, si nuestra salvación consistiera tan sólo en lo que nos es dado ver?

Así, todas las cosas referentes a nuestro Redentor, que antes (mientras él vivió en la tierra) eran visibles, han pasado a ser ritos sacramentales (palabras y gestos). Y, para que nuestra fe fuese más firme y valiosa, la visión ha sido sustituida por la instrucción (la enseñanza), de modo que, en adelante, nuestros corazones, iluminados por la luz celestial, deben apoyarse en esta instrucción... Esta fe ahuyenta a los demonios, aleja las enfermedades, resucita a los muertos.

Por esto a los mismos apóstoles... todo lo que antes les era motivo de temor se les convirtió en motivo de gozo. Es que su espíritu estaba ahora totalmente

elevado por la contemplación de la divinidad, sentada a la derecha del Padre.
Y al no ver el cuerpo del Señor podían comprender con mayor claridad que
aquél no había dejado al Padre, al bajar a la tierra, ni había abandonado a
sus discípulos, al subir al cielo... Al alejarse de nosotros por su humanidad,
comenzó a estar presente entre nosotros de un modo nuevo e inefable por su
divinidad.

Entonces nuestra fe comenzó a adquirir un mayor y progresivo
conocimiento de la igualdad del Hijo con el Padre, y a no necesitar de la
presencia palpable de la substancia corpórea de Cristo... La fe de los creyentes
es llamada allí (al cielo) donde podrá tocar al Hijo único, igual al Padre...

Observa el título de la catequesis: la Ascensión del Señor aumenta
nuestra fe. ¿Qué dice S. León Magno a este propósito?: que la celebración
litúrgica de este "sacramento y misterio" nos llena de alegría porque en
él la pequeñez de nuestra naturaleza es elevada en Cristo por encima de
todos los ejércitos celestiales; y esto sencillamente porque Jesucristo era
plenamente hombre, "en todo semejante a nosotros menos en el pecado".
Y también dice que a pesar de haber sido apartado Jesús de la vista de los
hombres y mujeres, por las tres virtudes recibidas (las llamamos infusas,
no adquiridas; y sobrenaturales, no naturales), que son la fe, esperanza y
caridad, podemos seguir "viendo" al hombre Dios.

Pero fíjate en los adjetivos con los que las acompaña: fe firme,
esperanza inconmovible y amor encendido. ¡No sirve cualquier fe,
esperanza y amor! A Dios no le gustan las cosas 'de cualquier manera, a
medias'.

Y para animarnos nos explica los efectos que producen estas tres
virtudes básicas sintetizadas en la fe: creer sin vacilación lo que no ven
nuestros ojos, tener fijo el deseo en lo que no puede alcanzar nuestra
mirada.

Observa ahora lo que añade: "todas las cosas referentes a nuestro
Redentor, que antes eran visibles (para sus contemporáneos), han
pasado a ser sacramentos... la visión ha sido sustituida por la
instrucción, la enseñanza, la catequesis. Queda claro, pues, que sin
catequesis **permanente**, continua (no sólo la previa a la mal llamada
Primera Comunión y a la Confirmación), no alcanzaremos una virtud
madura. Así, la fe –bien instruida- "ahuyenta a los demonios, aleja las
enfermedades y resucita a los muertos".

48. De los tratados de S. Agustín sobre S. Juan

Dos vidas

(1ª carta de Juan 3, 11-17) (T.P. viernes VI)

La Iglesia sabe de dos vidas, ambas anunciadas y recomendadas por el Señor. De ellas, una se desenvuelve en la fe, la otra en la visión. Una durante el tiempo de nuestra peregrinación, la otra en las moradas eternas. Una en medio de la fatiga, la otra en el descanso. Una en el camino, la otra en la patria. Una en el esfuerzo de la actividad, la otra en el premio de la contemplación.

La primera vida es significada por el apóstol Pedro, la segunda por el apóstol Juan. La primera se desarrolla toda aquí, hasta el fin de este mundo, que es cuando terminará; la segunda se inicia oscuramente en este mundo, pero su perfección se aplaza hasta el fin de él, y en el mundo futuro no tendrá fin...

El seguimiento de Cristo consiste en una amorosa y perfecta constancia en el sufrimiento, capaz de llegar hasta la muerte; la sabiduría, en cambio, permanecerá así, en estado de perfeccionamiento, hasta que venga Cristo para llevarla a su plenitud. Aquí, en efecto, hemos de tolerar los males de este mundo en el país de los mortales; allá, en cambio, contemplaremos los bienes del Señor en el país de la vida.

Aquellas palabras de Cristo sobre Juan: "Si quiero que éste se quede hasta que yo venga", no debemos entenderlas en el sentido de permanecer hasta el fin o de permanecer siempre igual, sino en el sentido de 'esperar', pues lo que Juan representa no alcanza ahora su plenitud, sino que la alcanzará con la venida definitiva de Cristo.

En cambio, lo que representa Pedro, a quien el Señor dijo: "Tú sígueme" tenemos que ponerlo todos personalmente por obra. Pero nadie separe lo que significan estos dos apóstoles, ya que ambos estaban incluidos en lo que significaba Pedro y ambos estarán después incluidos en lo que significaba

Juan. El seguimiento de uno y la permanencia del otro eran un signo. Uno y otro, creyendo, toleraban los males de esta vida presente; uno y otro, esperando, confiaban alcanzar los bienes de la vida futura.

Y no sólo ellos, sino que toda la santa Iglesia, esposa de Cristo, hace lo mismo, luchando con las tentaciones presentes, para alcanzar la felicidad futura. Pedro y Juan fueron, cada uno, figura de cada una de estas dos vidas. Pero uno y otro caminaron por la fe, en la vida presente; y uno y otro habían de gozar para siempre de la visión, en la vida futura…

En efecto, no sólo Pedro, sino toda la Iglesia ata y desata los pecados. Ni fue sólo Juan quien bebió, en la fuente del pecho del Señor, para enseñarnos, con su predicación, la doctrina acerca de la Palabra que existía en el principio y estaba en Dios y era Dios…

El Señor en persona difundió por toda la tierra este mismo Evangelio, para que todos bebiésemos de él, cada uno según su capacidad.

Resulta muy agudo lo que S. Agustín nos dice de las dos vidas, que nos recuerda lo de las hermanas Marta y María. Siempre todos los comentaristas bíblicos se han definido por la necesidad de que todos los creyentes seamos a un tiempo Marta y María, aunque muchos del Pueblo de Dios interpretaron que eran dos vocaciones distintas: activos (seglares, en el mundo) y contemplativos (religiosos, apartados del mundo). El mismo S. Agustín parece caer en este 'fallo'.

"Marta y María, decía Calasanz (carta 2.475) deben armonizarse en nuestra vida. Somos un poco de una y un poco de otra. **Marta** es quien deja entrar a Jesús en su casa y quien, por amor a él, está atendiéndole. Pero Marta no escucha a Jesús, sino que lo interpela para que su hermana le ayude. Su cabeza no parece estar abierta a los planes del Señor sino más bien lo contrario. Ya tiene demasiados planes como para ponerse a escuchar otra cosa. **María** ha escogido la parte buena, está a los pies del Maestro y espera su palabra (Sergio Conci en "Volver a los orígenes").

Pero quizás lo más importante para cada uno de nosotros es poner en práctica lo que se nos dice en la catequesis: "El seguimiento de Cristo consiste en una amorosa y perfecta constancia en el sufrimiento, capaz de llegar hasta la muerte". Es cierto que nadie se escapa de sufrir en esta vida, pero de cómo lo llevemos va a depender que nos sirva o nos estorbe para alcanzar la promesa del Señor. Y por supuesto que la sabiduría (saborear la Palabra-Dios), regalo del Señor, no se agota en esta vida terrena.

49. De las homilías de S. Gregorio de Nisa

Les di a ellos la gloria que me diste
(carta 1ª de Juan 3, 18-24) (T.P. sábado VI)

Si el amor logra expulsar completamente al temor y éste, transformado, se convierte en amor, entonces veremos que la unidad es una consecuencia de la salvación, al permanecer todos unidos en la comunión con el solo y único bien, santificados en aquella paloma simbólica que es el Espíritu.

Éste parece ser el sentido de aquellas palabras que siguen: "Una sola es mi paloma, sin defecto. Una sola, predilecta de su madre.

Esto mismo nos lo dice el Señor en el Evangelio aún más claramente: al pronunciar la oración de bendición y conferir a sus discípulos todo su poder, también les otorgó otros bienes mientras pronunciaba aquellas admirables palabras con las que él se dirigió a su Padre. Entonces les aseguró que ya no se encontrarían divididos por la diversidad de opiniones al enjuiciar el bien, sino que permanecerían en la unidad, vinculados en la comunión con el solo y único bien. De este modo, como dice el Apóstol, unidos en el Espíritu Santo y en el vínculo de la paz, habrían de formar todos un solo cuerpo y un solo espíritu, mediante la única esperanza a la que habían sido llamados. Éste es el principio y el culmen de todos los bienes.

Pero será mucho mejor que examinemos una por una las palabras del pasaje evangélico: "Para que todos sean uno, como tú, Padre, en mí y yo en ti, que ellos también lo sean en nosotros".

El vínculo de esta unidad es la gloria. Por otra parte, si se examinan atentamente las palabras del Señor, se descubrirá que el Espíritu Santo es denominado <gloria>. Dice así, en efecto: "Les di a ellos la gloria que me diste". Efectivamente les dio esta gloria, cuando les dijo: "Recibid el Espíritu Santo".

Aunque el Señor había poseído siempre esta gloria, incluso antes de que el mundo existiese, la recibió, sin embargo, en el tiempo, al revestirse de la naturaleza humana. Una vez que esta naturaleza fue glorificada por el Espíritu Santo, cuantos tienen alguna participación en esta gloria se convierten en partícipes del Espíritu, empezando por los apóstoles.

Por eso dijo: "Les di a ellos la gloria que me diste, para que sean uno, como nosotros somos uno; yo en ellos y tú en mí, para que sean completamente uno". Por lo cual todo aquel que ha crecido hasta transformarse de niño en hombre perfecto, ha llegado a la madurez del conocimiento

Finalmente, liberado de todos los vicios y purificado, se hace capaz de la gloria del Espíritu Santo; éste es aquella paloma perfecta a la que se refiere el Esposo cuando dice: "Una sola es mi paloma, sin defecto".

Esta catequesis puede resultar un poquito más difícil de entender. Vamos a empezar por la palabra "temor", que en la Biblia tiene un doble significado: uno negativo, 'miedo a Dios', y otro positivo, 'reverencia, admiración'. Aquí está empleada con el primer significado. Y en este sentido se contraponen el Antiguo Testamento, donde los autores proyectan un Dios que asusta, y el Nuevo, donde los autores retratan un Dios misericordioso, compasivo. Sin que esto quiera decir que ni en el A.T. hay rasgos de ternura ni en el N.T. de dureza.

El Señor en el evangelio se dirige al Padre con estas palabras: *"Que todos sean uno como tú, Padre, en mí y yo en ti; que ellos también lo sean en nosotros".* S. Gregorio comenta que Cristo, al conferir a sus discípulos todo su poder, también les otorgó otros bienes. Entonces les aseguró que ya no se encontrarían divididos por la diversidad de opiniones al enjuiciar el bien, sino que permanecerían en la unidad, vinculados en la comunión con el solo y único bien…

Y continúa afirmando que el vínculo de esta unidad es 'la gloria', es decir, el Espíritu Santo, por dos citas breves: *"les di a ellos <u>la gloria</u> que me diste"* cuando les dijo a sus apóstoles: *"Recibid el Espíritu Santo".* Nuestro comportamiento rompe esta unidad siempre que no cumplimos la voluntad del Padre, sino la 'nuestra'.

Nos hacemos dignos de esta gloria (dejamos actuar al Espíritu que habita en nosotros desde el bautismo) cuando nos liberamos de todos los 'vicios' (criterios propios, apegos, hábitos…) ¡Pero cuánto nos cuesta esta liberación! ¿verdad?

50. De los sermones de S. Agustín

Nadie ha subido al cielo, sino el que bajó del cielo
(Efesios 4, 1-24) (Fiesta de La Ascensión del Señor)

Nuestro Señor Jesucristo ascendió al cielo tal día como hoy. ¡Que nuestro corazón ascienda también con él!

Escuchemos al Apóstol: "Ya que habéis resucitado con Cristo, buscad los bienes de allá arriba, donde está Cristo, sentado a la derecha de Dios; aspirad a los bienes de arriba, no a los de la tierra". Y así como él ascendió sin alejarse de nosotros, nosotros estamos ya allí con él, aun cuando todavía no se haya realizado en nuestro cuerpo lo que nos ha sido prometido.

Él fue ya exaltado sobre los cielos. Pero sigue padeciendo en la tierra todos los trabajos que nosotros, que somos sus miembros, experimentamos. De lo que dio testimonio cuando exclamó: "Saulo, Saulo, ¿por qué me persigues? Así como: "Tuve hambre y me disteis de comer".

¿Por qué no vamos a esforzarnos sobre la tierra, de modo que gracias a la fe, la esperanza y la caridad, con las que nos unimos con él, descansemos ya con él en los cielos? Mientras él está allí sigue estando con nosotros. Y nosotros, mientras estamos aquí, podemos estar ya con él allí. Él está con nosotros por su divinidad, su poder y su amor; nosotros, en cambio, aunque no podemos llevarlo a cabo como él por la divinidad, sí que podemos por el amor hacia él.

No se alejó del cielo, cuando descendió hasta nosotros; ni de nosotros, cuando regresó hasta él. Él mismo es quien asegura que estaba allí mientras estaba aquí: "Nadie ha subido al cielo, sino el que bajó del cielo, el Hijo del hombre que está en el cielo"

Esto lo dice en razón de la unidad que existe entre él, nuestra cabeza, y nosotros, su cuerpo. Y nadie, excepto él podría decirlo, ya que nosotros estamos identificados con él, en virtud de que él, por nuestra causa, se hizo Hijo del hombre, y nosotros, por él, hemos sido hechos hijos de Dios.

En este sentido dice el Apóstol: "Lo mismo que el cuerpo es uno y tiene muchos miembros, y todos los miembros del cuerpo, a pesar de ser muchos, son un solo cuerpo, así es también Cristo". No dice <Así es Cristo>, sino: "Así es también Cristo". Por tanto, Cristo es un solo cuerpo formado por muchos miembros.

Bajó, pues, del cielo, por su misericordia, pero ya no subió él solo, puesto que nosotros subimos también en él por la gracia... La unidad de todo el cuerpo pide que éste no sea separado de su cabeza.

S. Agustín, con tanta claridad como siempre, afirma que **hoy** Jesucristo ascendió al cielo. Esto es muy importante para comprender y vivir la liturgia. Proclamamos que los hechos históricos/sacramentos (sucedidos en otro tiempo y otro lugar) se hacen presentes con toda su fuerza salvadora en la celebración litúrgica, aquí y ahora. Porque son hechos/misterios del Hombre-Dios. De ahí la importancia de llegar al templo con la eucaristía 'preparada', 'vivir' intensamente la celebración, y 'prolongarla' en nuestro quehacer diario. Esto es lo que S. Agustín nos pide al decir: "que nuestro corazón ascienda también con él"

Pablo también insiste en la misma idea: "ya que habéis resucitado con Cristo, buscad los bienes de allá arriba... aspirad a los bienes de arriba, no a los de la tierra". En efecto, la vida del creyente se desarrolla en 'la tierra', pero buscando y aspirando a los bienes de arriba. Esta palabra (arriba) es una metáfora, porque la vida eterna no es 'espacial' ni 'temporal' como la terrena.

¡Qué alegría produce saber que Cristo ascendió sin alejarse de nosotros y nosotros estamos ya allí con él, aunque no en la plenitud que alcanzaremos! ¡Cuesta convertirlo en convicción, pero cuando lo logramos, nuestra vida cambia substancialmente!

Importantísima, también, la afirmación siguiente: Jesús ya ha sido exaltado en el/los cielo/s, pero sigue padeciendo todos los trabajos que nosotros, miembros de su Cuerpo, experimentamos. De ahí que todo lo que hagamos por un necesitado, lo hacemos por Él.

¡Mientras estamos aquí 'abajo', podemos estar con Jesucristo (el Padre y el Espíritu) allí 'arriba'! ¿No es hermoso?... sólo tenemos que creer, esperar y amar de verdad. ¡Ánimo!

51. De las catequesis de S. Cirilo de Jerusalén, obispo

El agua viva del Espíritu Santo
(1ª carta de Juan, 4, 1-10) (T.P. lunes VII)

Jesús dijo: "el agua que yo le daré se convertirá dentro de él en un surtidor de agua que salta hasta la vida eterna"... ¿Por qué motivo se sirvió de la palabra <agua> para denominar la gracia del Espíritu?... Porque el agua de la lluvia desciende del cielo y, además, porque desciende siempre de la misma forma y, sin embargo, produce efectos diferentes: unos en las palmeras, otros en las vides, todo en todas las cosas... Se acomoda a las exigencias de los seres que la reciben y da a cada cosa lo que le corresponde

De la misma manera, también el Espíritu Santo, aunque es único y con un solo modo de ser, e indivisible, reparte a cada persona la gracia según quiere. Y así como un tronco seco que recibe agua germina, del mismo modo el pecador que, por la penitencia, se hace digno del Espíritu Santo, produce frutos de santidad... El Espíritu, bajo el impulso de Dios y en nombre de Cristo, produce múltiples efectos.

Se sirve de la lengua de unos para el carisma de la sabiduría; ilustra la mente de otros con el don de la profecía; a éste le concede poder para expulsar los demonios; a aquél le otorga el don de interpretar las Escrituras. Fortalece en unos la templanza; en otros la misericordia; a éste enseña a practicar el ayuno y la vida ascética; a aquél, a dominar las pasiones; al otro, le prepara para el martirio... "En cada uno se manifiesta el Espíritu para el bien común".

Llega mansa y suavemente, se le experimenta como finísima fragancia, su yugo no puede ser más ligero. Fulgurantes rayos de luz y de conocimiento anuncian su venida... Viene a salvar, a sanar, a enseñar, a aconsejar, a fortalecer, a consolar, a iluminar, primero a quien lo recibe, luego, mediante éste, a los demás...

La metáfora que ha empleado S. Cirilo nos hace entender perfectamente la acción del Espíritu Santo en los bautizados. Si tomamos conciencia de este gran regalo que recibimos en el bautismo, terminaremos conociendo, fácilmente, los dones, la acción del Espíritu Santo en nosotros. A él le llamamos "el don de los dones" o "la raíz de todos los dones".

Es muy importante caer en la cuenta de que todas las habilidades con que nacemos y las desarrollamos son 'dones del Espíritu'. No pensemos que esto es propio solamente de unas cuantas personas, ni creamos que los dones son siete. Eso es una lista a modo de ejemplo, pero son infinitos.

El Concilio Vaticano II insiste en que hay dones extraordinarios y ordinarios, pero es lícito pedir incluso aquéllos. Los dones (también llamados "carismas") son, siempre, para beneficio del pueblo de Dios, nunca para propio provecho de quien los recibe. Por eso el Libro de los Hechos de los Apóstoles cuenta lo que le dijo Pedro a Simón el Mago que quiso comprar el don de hacer milagros (Hech 8, 18-24)

¿Cómo podemos conocer si poseemos tal o cual carisma?: por sus frutos. Si lo ejercitamos con humildad y va produciendo fruto en los hermanos, es señal de que lo poseemos. ¡Qué bonito es que seamos distintos unos de otros y, sin embargo, convivamos unidos en lo esencial. Acostumbrémonos a ser respetuosos con todos y, al mismo tiempo mantengamos nuestra riqueza personal.

52. Del libro de S. Basilio Magno sobre el Espíritu Santo

La acción del Espíritu Santo
                                    (1ª carta de Juan, 4, 11-21) (T.P. martes VII)

¿Quién, habiendo oído los nombres que se dan al Espíritu, no siente levantado su ánimo y no eleva su pensamiento hacia la naturaleza divina? Ya que es llamado Espíritu de Dios y Espíritu de verdad que procede del Padre; Espíritu firme, Espíritu generoso, Espíritu Santo son sus apelativos propios y peculiares.

Hacia él dirigen su mirada todos los que sienten necesidad de santificación. Hacia él tiende el deseo de todos los que llevan una vida virtuosa, y su soplo es para ellos a manera de riego que los ayuda en la consecución de su fin propio y natural.

Él es fuente de santidad, luz para la inteligencia. Él da a todo ser natural como una luz para entender la verdad.

Aunque inaccesible por su naturaleza, se deja comprender por su bondad. Con su acción lo llena todo...Simple en su esencia y variado en sus dones, está íntegro en cada uno e íntegro en todas partes. Se reparte sin sufrir división, deja que participen en él, pero él permanece íntegro, a semejanza del rayo solar cuyos beneficios llegan a quien disfrute de él como si fuera único, pero, mezclado con el aire, ilumina la tierra entera y el mar.

Así el Espíritu Santo está presente en cada hombre como si sólo él existiera, y, no obstante, distribuye a todos gracia abundante y completa. Todos disfrutan de él en la medida que lo requiere la naturaleza de la criatura, pero no en la proporción con que él podría darse.

Por él los corazones se elevan a lo alto, por su mano son conducidos los débiles, por él los que caminan tras la virtud llegan a la perfección. Es él quien ilumina a los que se han purificado de sus culpas y al comunicarse a ellos los vuelve espirituales.

Como los cuerpos limpios y transparentes se vuelven brillantes cuando reciben un rayo de sol y despiden de ellos mismos como una nueva luz, del mismo modo las personas portadoras del Espíritu Santo se vuelven plenamente espirituales y transmiten la gracia a los demás.

De esta comunión con el Espíritu procede la presciencia de lo futuro, la penetración de los misterios, la distribución de los dones, la vida sobrenatural, el consorcio con los ángeles. De aquí proviene aquel gozo que nunca terminará, de aquí la permanencia en la vida divina, de aquí el ser semejante a Dios, de aquí, finalmente, lo más sublime que se puede desear: que el hombre llegue a ser como Dios.

Pocos textos podemos encontrar que hablen tan bien y tan completo de lo que hace el Espíritu Santo en el creyente que se deja guiar. Porque esto es la clave: el Espíritu necesita (como el Padre y el Hijo) nuestra 'ayuda', nuestro querer, nuestro dejarnos. Una vez leí que lo que hizo con María de Nazaret es la medida de lo que el Espíritu puede hacer con cada uno de nosotros, si nos entregamos como ella se entregó: ¿Cómo puede ser eso, si yo no…? pero hágase en mí según tú has dicho.

Gráfica resulta la metáfora: su soplo es para ellos a manera de riego que los ayuda en la consecución de su fin propio y natural. ¡Ojo, él (como el Padre y el Hijo) está dispuesto a ayudarnos, pero nunca hará lo que nosotros podemos (y, porque podemos, debemos) hacer. Esto es muy importante que lo interioricemos. Nos ahorrará muchas frustraciones.

Con el Espíritu ocurre lo que con toda la Palabra de Dios: no se entiende primero y después de ser entendida se pone en práctica. Es al revés: se practica primero, sin 'entenderla', y después es cuando se llega a entender. Otra vez recurro al ejemplo de María: no comprendía cómo se iba a realizar el mensaje del ángel, pero dio su conformidad y posteriormente se le aclaró.

Lee varias veces, despacio, muy despacio, el texto de S. Basilio, que te hará mucho bien.

53. De la Constitución Lumen géntium del Concilio

El Espíritu Santo enviado a la Iglesia
(1ª carta de Juan 5, 1-12) (T.P. miércoles VII)

Consumada la obra que el Padre confió al Hijo en la tierra, fue enviado el Espíritu Santo en el día de Pentecostés, para que santificara a la Iglesia, y de esta forma los que creen en Cristo pudieran acercarse al Padre en un mismo Espíritu. Él es el Espíritu de la vida, o la fuente del agua que salta hasta la vida eterna, por quien vivifica el Padre a todos los muertos por el pecado, hasta que resucite en Cristo sus cuerpos mortales.

El Espíritu habita en la Iglesia y en los corazones de los fieles como en un templo y en ellos ora y da testimonio de la adopción de hijos. Con diversos dones jerárquicos y carismáticos dirige y enriquece con todos sus frutos a la Iglesias, a la que guía hacia toda verdad, y unifica en comunión y ministerio, enriqueciéndola con todos sus frutos.

Hace rejuvenecer a la Iglesia por la virtud (fuerza) del evangelio, la renueva constantemente y la conduce a la unión consumada con su Esposo. Pues el Espíritu y la Esposa dicen al Señor Jesús: "Ven".

Así se manifiesta toda la Iglesia como una muchedumbre reunida por la unidad del Padre, del Hijo y del Espíritu Santo.

La universalidad de los fieles que tiene la unción del Espíritu, no puede fallar en su creencia, y ejerce ésta su peculiar propiedad mediante el sentimiento sobrenatural de la fe de todo el pueblo, cuando desde el obispo hasta los últimos fieles seglares manifiestan el asentimiento universal en las cosas de fe y de costumbres.

Con ese sentido de la fe que el Espíritu mueve y sostiene, el pueblo de Dios, bajo la dirección del magisterio, al que sigue fidelísimamente, recibe no ya la palabra de los hombres, sino la verdadera palabra de Dios, se adhiere indefectiblemente a la fe "que se transmitió a los santos de una vez para siempre", la penetra profundamente con rectitud de juicio y la aplica más íntegramente en la vida.

Además, el mismo Espíritu Santo no solamente santifica y dirige al pueblo de Dios por los sacramentos y los misterios, y lo enriquece con las virtudes, sino que, "repartiendo a cada uno en particular como a él le parece", reparte entre los fieles gracias de todo género, e incluso especiales, con que los dispone y prepara para la renovación y una más amplia edificación de la Iglesia, según aquellas palabras: "En cada uno se manifiesta el Espíritu para el bien común".

Estos carismas, tanto los extraordinarios como los más sencillos y comunes, por el hecho de que son muy conformes y útiles a las necesidades de la Iglesia, hay que recibirlos con agradecimiento y consuelo (y hay que ejercitarlos).

Estas son palabras de nuestro tiempo Es posible que las entendamos mejor que la de los Santos Padres.

El Espíritu Santo es el encargado de santificar a la Iglesia, entendida como el conjunto de creyentes bautizados. Y la primera metáfora que el Concilio emplea para hablarnos de él es "fuente del agua que salta hasta la vida eterna". Su función, pues, es vivificarnos. Recordemos que la inmersión en el agua que inicialmente se hacía en el bautismo era la representación de 'la muerte con Cristo muerto'. Y la salida de aquella inmersión significaba 'la vida nueva', purificada, limpia, una vez lavado el pecado original y todos los pecado personales con los que se llegaba al Sacramento.

Lo segundo que se nos invita a concienciar es que somos templo del Espíritu-Dios, porque él habita en nuestro corazón. De ahí la necesidad de cuidar lo bueno que hay en él y arrancar lo malo. ¿Y qué hace?: orar y dar testimonio de que somos hijos del Dios, Padre, Hijo y Espíritu. Pero seamos sinceros: ¿hasta qué punto tenemos esto concienciado, vivo, operativo? Pensemos cómo lograrlo.

Después se nos habla de los dones (carismas-cualidades) con que nos enriquece, entre otras cosas, con la capacidad de escuchar la Palabra de Dios, adherirnos a ella, creerla, penetrarla profundamente y aplicarla (practicarla) íntegramente en la vida. ¡Piénsalo despacio!

Además, se nos habla luego de los Sacramentos (signos eficaces, que operan lo que significan), ministerios (servicios) y las virtudes (fuerzas para vivir como Dios sugiere).

Por último, una afirmación substancial: el Espíritu dispone y **prepara a cada uno** (sí, a ti también) **con gracias** (carismas, dones) **de todo género,** incluso especiales, para que con ellas ayudemos a la renovación y extensión de la Iglesia, nuestra madre. ¡Ay, si todos los cristianos creyéramos esto que nos dice el Concilio, cómo cambiaría nuestra vida y la de la Iglesia entera!

54. Del Comentario de S. Cirilo de Alejandría al Evangelio de Juan

Si no me voy, no vendrá a vosotros el Defensor
(1ªcarta de Juan 5, 13-21) (T.P. jueves VII)

El tiempo más oportuno para la misión del Espíritu y su irrupción en nosotros fue aquel que siguió a la marcha (ascensión) de nuestro Salvador Jesucristo.

Pues mientras Cristo vivía corporalmente entre sus fieles, se les mostraba como el dispensador de todos sus bienes. Pero cuando llegó la hora de regresar al Padre celestial, continuó presente entre sus fieles mediante su Espíritu, y habitando por la fe en nuestros corazones. De este modo, poseyéndole en nosotros, podríamos llamarle con confianza: "Abba, Padre", y cultivar con ahínco todas las virtudes, y juntamente hacer frente con valentía invencible a las asechanzas del diablo y las persecuciones de los hombres, como quienes cuentan con la fuerza poderosa del Espíritu.

Este mismo Espíritu transforma y traslada a una nueva condición de vida a los fieles en que habita y tiene su morada. Esto puede ponerse fácilmente de manifiesto con testimonios tanto del Antiguo como del Nuevo Testamento.

Así el piadoso Samuel a Saúl: "Te invadirá el Espíritu del Señor, y te convertirás en otro hombre". Y S. Pablo: "Nosotros todos, que llevamos la cara descubierta, reflejamos la gloria del Señor y nos vamos transformando en su imagen con resplandor creciente; así es como actúa el Señor, que es Espíritu" (2ª Cor 3, 17-18).

No es difícil percibir cómo transforma el Espíritu la imagen de aquellos en los que habita: del amor a las cosas terrenas, el Espíritu nos conduce a la esperanza de las cosas del cielo; y de la cobardía y la timidez, a la valentía y generosa intrepidez de espíritu. Sin duda es así como encontramos a los discípulos, animados y fortalecidos por el Espíritu, de tal modo que no se dejaron vencer en absoluto por los ataques de los perseguidores, sino que se adhirieron con todas su fuerzas al amor de Cristo.

Se trata exactamente de lo que había dicho el Salvador: "Os conviene que yo me vaya al cielo". En este tiempo, en efecto, descendería el Espíritu Santo.

Con respecto al "tiempo más oportuno para la acción del Espíritu" hemos de recordar que la fe nos habla de un solo Dios, por tanto, aunque decimos que la creación es obra del Padre; la redención, acción del Hijo, y el tiempo de la Iglesia, se lo adjudicamos al Espíritu Santo, las tres cosas son de los tres.

Nos llamamos "cristianos" y no somos simples "teístas" ni "deístas". Recordemos lo que dice el Prefacio I de navidad: "Padre Santo…gracias al misterio (la realidad) de la Palabra hecha carne, la luz de tu gloria brilló ante nuestros ojos con nuevo resplandor, para que conociendo a Dios visiblemente, él nos lleve al amor de lo invisible".

¿Qué función desempeña el Espíritu en cada uno?: hace presente a Cristo (y al Padre), habita en nuestros corazones, al ser "hijos" podemos llamar a Dios Abba (papaíto); cultivar todas las virtudes, hacer frente con valentía a las asechanzas del diablo (tentaciones) y las 'persecuciones de los hombres'; nos transforma y traslada a una nueva condición de vida durante nuestros años en la tierra.

S. Cirilo concreta así esta transformación: del amor a las cosas terrenas nos conduce a la esperanza (activa) de las cosas del cielo; de la cobardía y la timidez, a la valentía y generosas intrepidez de espíritu. Podríamos añadir: de la vida cómoda y superficial, a la vida profunda; del 'mañana empiezo', al 'hoy, ahora, aquí'… Del echar balones fuera, al cargar con mi cruz y seguir a Cristo…

55. Del tratado de S. Hilario, obispo, sobre la Trinidad

El Don del Padre en Cristo

(2ª carta de Juan) (T.P. viernes VII)

El Señor mandó bautizar en el nombre del Padre, y del Hijo y del Espíritu Santo, esto es, en la profesión de fe en el Creador, en el Hijo único y en el que es llamado Don.

Uno solo es el creador de todo, ya que uno solo es Dios Padre, de quien procede todo; y uno solo el Hijo único, nuestro Señor Jesucristo, por quien ha sido hecho todo; y uno solo el Espíritu que a todos nos ha sido dado.

Todo, pues, se halla ordenado según la propia virtud y operación: un Poder (Padre) del cual procede todo, un Hijo por quien existe todo, un Don (Espíritu) que es garantía de nuestra esperanza consumada. Ninguna falta se halla en semejante perfección. Dentro de ella, en el Padre y el Hijo y el Espíritu Santo, se halla lo infinito en lo eterno, la figura en la imagen, la fruición en el don.

Escuchemos las palabras del Señor en persona, que nos describe cuál es la acción específica del Espíritu en nosotros; dice, en efecto: "Muchas cosas me quedan por deciros, pero no podéis cargar con ellas por ahora. Os conviene, por tanto que yo me vaya, porque, si me voy, os enviaré al Defensor".

Y también nos dijo: "Yo le pediré al Padre que os dé otro Defensor, que esté siempre con vosotros, el Espíritu de la verdad. Él os guiará hasta la verdad plena. Pues lo que hable no será suyo: hablará lo que oye y os comunicará lo que está por venir. Él me glorificará, porque recibirá de mí".

Esta pluralidad de afirmaciones tiene por objeto darnos una mayor comprensión, ya que en ellas se nos explica cuál sea la voluntad del que nos otorga su Don: pues ya que la debilidad de nuestra razón nos hace incapaces de conocer al Padre y al Hijo y nos dificulta el creer en la encarnación de Dios, el Don que es el Espíritu Santo, con su luz, nos ayuda a penetrar en estas verdades.

Al recibirlo, pues, se nos da un conocimiento más profundo, del mismo modo que nuestro cuerpo natural, cuando se ve privado de los estímulos adecuados, permanece inactivo (por ejemplo, los ojos privados de luz, los oídos, cuando falta el sonido, y el olfato, cuando no hay ningún olor, no ejercen su función propia, no porque dejen de existir por falta de estímulo, sino porque necesitan este estímulo para actuar), así también nuestra persona, si no recibe por la fe el Don que es el Espíritu, tendrá ciertamente una capacidad de entender a Dios, pero le faltará la luz para llegar a ese conocimiento.

El don de Cristo está todo entero a nuestra disposición y se halla en todas partes, pero se da a proporción del deseo y de los méritos de cada cual. Este Don está con nosotros hasta el fin del mundo. Él es nuestro solaz en este tiempo de expectación.

Vamos intuyendo, por estas catequesis sobre el Espíritu Santo, que se trata de algo imprescindible en la vida del creyente. Aprovechemos para examinar con seriedad y profundidad qué papel le hemos dejado que desempeñe en nosotros y qué papel queremos que desempeñe desde ahora.

La expresión "uno solo es el Padre… el Hijo… el Espíritu Santo" nos está advirtiendo que no cabe subjetivismo ninguno, que lo importante no es lo que yo pueda pensar de cada uno de ellos, sino la necesidad que tengo de conocerlos como ellos son. Y, para esto, hay dos elementos básicos: la Palabra de Dios y mi es-cu-cha. Se requiere un silencio externo y, sobre todo interno, para oír lo que ese Dios, que habita en mí y es mi Guía, quiere decirme. Bueno, también se requiere docilidad, confianza en su persona y constancia, mucha constancia, porque la vida que llevamos no facilita estas cosas.

El Espíritu que nos habita es nuestro Defensor. Pero ¿de qué nos defiende? No nos precipitemos en la contestación. Sí, nos defiende del demonio y del mundo, en efecto. Pero también, de nuestro yo (Ego), que el catecismo llama "la carne" y que para la fe es un enemigo fortísimo. Porque ¿qué es creer, sino renunciar a mis caminos, para seguir "el camino" que lleva a la Vida Eterna?

S. Hilario nos dice que al recibir al Espíritu Santo (en el bautismo) se nos da un conocimiento más profundo. Pero el problema está en que si ese conocimiento no está estimulado por la fe, (como 'el olfato por el olor') no nos sirve para vivir cristianamente. Quien pierde la fe ¿la abandona porque ya no conoce a Cristo o porque ya no lo sigue? La actividad, la fuerza del Espíritu está toda entera a nuestra disposición, pero actúa (se me da) en proporción a mi real deseo, mi sed de su agua.

56. De los sermones de un autor africano del siglo VI

La unidad de la Iglesia habla en todos los idiomas
(3ª carta de Juan) (T.P. sábado VII)

Hablaron en todas las lenguas. Así quiso Dios dar a entender la presencia del Espíritu Santo: haciendo que hablara en todas las lenguas quien le hubiese recibido. Debemos pensar, hermanos, que éste es el Espíritu Santo por cuyo medio se difunde la caridad en nuestros corazones.

La caridad había de reunir a la Iglesia de Dios en todo el orbe de la tierra. Por eso, así como entonces un solo hombre, habiendo recibido el Espíritu Santo, podía hablar en todas las lenguas, así también ahora es la unidad misma de la Iglesia, congregada por el Espíritu Santo, la que habla en todos los idiomas.

Por tanto, si alguien dijera a uno de vosotros: "Si has recibido el Espíritu Santo ¿por qué no hablas en todos los idiomas?", deberá responderle: "Es cierto que hablo todos los idiomas, porque estoy en el cuerpo de Cristo, es decir, en la Iglesia que los habla todos. ¿Pues qué otra cosa quiso dar a entender Dios por medio de la presencia del Espíritu Santo, sino que su Iglesia hablaría en todas las lenguas?"

Se ha cumplido así lo prometido por el Señor: "Nadie echa vino nuevo en odres viejos. A vino nuevo, odres nuevos, y así se conservan ambos"

Con razón, pues, empezaron algunos a decir cuando oían hablar en todas las lenguas: "Están bebidos". Se habían convertido ya en odres nuevos, renovados por la gracia de la santidad. De este modo, ebrios del nuevo vino del Espíritu Santo, podrían hablar fervientemente en todos los idiomas, y anunciar de antemano, con aquel maravilloso milagro, la propagación de la Iglesia católica por todos los pueblos y lenguas.

Celebrad, pues, este día como miembros que sois de la unidad del cuerpo de Cristo. No lo celebraréis en vano si sois efectivamente lo que estáis celebrando: miembros de aquella Iglesia que el Señor, al llenarla del Espíritu

Santo, reconoce como suya a medida que se va esparciendo por el mundo, y por la que es a su vez reconocido. Como esposo no perdió a su propia esposa, ni nadie pudo substituírsela por otra.

Y a vosotros, que procedéis de todos los pueblos, os dice el Apóstol: "Sobrellevaos mutuamente con amor, esforzaos en mantener la unidad del Espíritu con el vínculo de la paz".

Notad cómo en el mismo momento nos mandó que nos soportáramos unos a otros y nos amásemos, y puso de manifiesto el vínculo de la paz al referirse a la esperanza de la unidad.

La afirmación del autor tiene un sentido simbólico: no es que una persona física hable todos los idiomas. Según muchos comentaristas lo que ocurrió el día de Pentecostés fue que Pedro habló en su idioma y los extranjeros que escuchaban lo entendieron en los suyos. Pero independientemente de la interpretación que demos al fenómeno, lo que queda claro es que al llegar la Iglesia a todos los pueblos y formar todos los bautizados una sola Iglesia, ésta (no cada creyente) habla en 'todas las lenguas'.

Muchos tenemos la experiencia de la fuerza comunicativa del amor (el caso de la mamá que sabe lo que su hijo quiere, cuando todavía éste no habla) y la experiencia de las concentraciones multitudinarias, p. ej. en Taize, donde se crea un clima de mutuo entendimiento en lo elemental.

Hemos de tener en cuenta, además, que la palabra "caridad" está un mucho devaluada, pero significa "amor" (también bastante devaluada) si bien más cercana al Espíritu Santo. El trípode sobre el cual se levanta el cristiano es: fe, esperanza y amor, en el doble significado de 'amor que nos tiene Dios' y 'amor con el que nosotros queremos corresponderle'. Recordemos que S. Juan define a Dios como AMOR: *Queridos: amémonos unos a otros, ya que el amor es de Dios, y todo el que ama ha nacido de Dios y conoce a Dios. Quien no ama no ha conocido a Dios, porque Dios es Amor. En esto se manifestó el amor que Dios nos tiene: en que Dios envió al mundo a su Hijo único para que vivamos por medio de él. En esto consiste el amor: no en que nosotros hayamos amado a Dios, sino en que él nos amó… si Dios nos amó de esta manera, también nosotros debemos amarnos unos a otros* (1ª Jn 4, 7-11). Lee también el Himno de la Caridad, en 1ª Cor 13, 1-13

57. Del tratado de S. Ireneo, obispo, contra las herejías

El envío del Espíritu Santo
(Romanos 8, 5-27) (Domingo de Pentecostés)

Dios había prometido por boca de sus profetas que en los últimos días derramaría su Espíritu sobre sus siervos y siervas, y que éstos profetizarían. Por esto descendió el Espíritu Santo sobre el Hijo de Dios, que se había hecho Hijo del hombre, para así, permaneciendo en él, habitar en el género humano, reposar sobre los hombres y residir en la obra plasmada por las manos de Dios, realizando así en el hombre la voluntad del Padre y renovándolo de la antigua condición a la nueva, creada en Cristo.

Y Lucas nos narra cómo este Espíritu, después de la ascensión del Señor, descendió sobre los discípulos el día de Pentecostés, con el poder de dar a todos los hombres entrada en la vida y para dar su plenitud a la nueva alianza. Por esto, todos a una, los discípulos alababan a Dios en todas las lenguas, al reducir el Espíritu a la unidad los pueblos distantes y ofrecer al Padre las primicias de todas las naciones.

Por esto el Señor nos prometió que nos enviaría aquel Defensor que nos haría capaces de Dios. Pues del mismo modo que el trigo seco no puede convertirse en una masa compacta y en un solo pan, si antes no es humedecido, así también nosotros, que somos muchos, no podíamos convertirnos en una sola cosa en Cristo Jesús, sin esta agua que baja del cielo. Y, así como la tierra árida no da fruto, si no recibe el agua, así también nosotros, que éramos antes como un leño árido, nunca hubiéramos dado el fruto de vida, sin esta gratuita lluvia de lo alto.

Nuestros cuerpos, en efecto, recibieron por el baño bautismal la unidad destinada a la incorrupción, pero nuestras almas (personas) la recibieron por el Espíritu...

El Espíritu de Dios descendió sobre el Señor Jesús... y el Señor, a su vez, lo dio a la Iglesia, enviando al Defensor sobre toda la tierra desde el cielo, que fue de donde dijo el Señor que había sido arrojado Satanás como un rayo. Por esto necesitamos de este rocío divino, para que demos fruto y no seamos lanzados al fuego; y ya que tenemos quien nos acusa, tengamos también un Defensor, pues que el Señor encomienda al Espíritu Santo el cuidado del hombre, posesión suya, que había caído en manos de ladrones, del cual se compadeció y vendó sus heridas, entregando después los dos denarios regios para que nosotros, recibiendo por el Espíritu la imagen y la inscripción del Padre y del Hijo, hagamos fructificar el denario que se nos ha confiado, retornándolo al Señor con intereses.

S. Ireneo con S. Agustín son dos de los Santos Padres que más nos pueden enseñar a desentrañar prácticamente la Escritura, de manera que se convierta en Palabra viva, dadora de vida. ¡Preciosa catequesis! Jesús envía su Espíritu (amor del Padre y el Hijo) para habitarnos (¡somos templo de Dios!) y restaurarnos a nuestra condición primera. Pero no a nosotros solos, sino a toda la creación ("la obra plasmada por las manos de Dios"). De esta obra dice la Plegaria eucarística I: *"Por Cristo —nuestro Señor— <u>sigues (Padre) creando</u> todos los bienes, los santificas, los llenas de vida, los bendices y los repartes entre nosotros"*. A mí me da mucho gusto que se pueda decir que la creación no está terminada y que el Dios-Amor "<u>sigue creando</u> todos los bienes y los reparte entre nosotros" (las personas todas).

¡Qué gráfica la semejanza del trigo seco que no puede convertirse en pan si no se humedece con agua! También nosotros pasamos temporadas de sequedad, que necesitan el agua del Espíritu 'para dar fruto'. Recordemos que estamos en la vida "para dar fruto y fruto abundante". Nada de mirarnos el ombligo como si fuéramos el centro del mundo, aquél a quien todos los demás deben servir. No es así el ejemplo que Cristo nos dio. Sus palabras nos empujan a gastarnos por los demás: *Si el grano de trigo no cae en tierra y muere, no dará fruto.*

Algunos nos excusamos por nuestra debilidad y 'pequeñez'. Pero para esto hemos recibido la fuerza del Espíritu para llegar donde con solas nuestras fuerzas no podríamos llegar.

La parábola del buen samaritano resuena en las últimas palabras de la catequesis. Pero recordemos que el samaritano estaba despreciado por los judíos y, sin embargo, les dio una lección al sacerdote y al levita (Lc 10, 29-37), pensamiento que aparece más de una vez en los Evangelios, para que nosotros estemos alerta. ¡Dejémonos guiar por el Espíritu Santo!